동시대를 살아가는

행운아 _____ 님께

이 책을 드립니다.

빈현우

나는 가상화폐로
3달 만에 3억 벌었다

비트코인 이더리움 채굴기 실전투자전략서

절대, 후회하지 않을 가상화폐 투자 이야기!

나는 가상화폐로
3달 만에 3억 벌었다

비트코인 이더리움
채굴기
실전투자
전략서

빈현우 지음

이코노믹북스

나는 가상화폐로 3달 만에 3억 벌었다

비트코인 이더리움 채굴기 실전투자전략서

초판 1쇄 발행 | 2017년 07월 22일
초판 16쇄 발행 | 2018년 01월 12일

지은이 | 빈현우
기   획 | (주)엔터스코리아
발행인 | 최화숙
편집인 | 유창언
발행처 | 이코노믹북스

등록번호 | 제1994-000059호
출판등록 | 1994. 06. 09.

주소 | 서울시 마포구 월드컵로8길 72, 3층-301호(서교동)
전화 | 02)335-7353~4
팩스 | 02)325-4305
이메일 | pub95@hanmail.net/pub95@naver.com
ⓒ 빈현우 2017
ISBN 978-89-5775-179-4 03320
값 17,000원

이 책에서 말하는 것처럼 4차 산업혁명의 동맥이 바로 블록체인을 기반으로 한 가상화폐다. 3D프린터, 드론, 무인자동차를 비롯한 인공지능을 가진 모든 사물들을 살아 움직이게 하려면 블록체인 기반의 가상화폐가 필수다. 세계 유수의 기업, 각국의 금융권 및 정부 각 부처에서는 이미 블록체인 연구 TFT가 구성되어 있다. 많은 국가에서 블록체인 특별시를 운영하거나 구상하고 있다. 우리 회사 또한 블록체인에서 미래의 먹거리를 찾기 위해 TFT를 구성했다.

–S그룹 계열사 블록체인 TFT

사실 불과 1달여 전 일이었다. 빈현우대표님과 미팅을 통해 얻게 된 고급정보. 미래산업에 대해 관심이 많았던 나는 가상화폐 이더리움에 대해 얘기를 들었다. 10여 분의 미팅이었지만 급 관심으로 다음날 빈현우대표님 자택으로 향했다. 카페에서의 2시간의 미팅. 이 좋은 걸 많은 사람들에게 알려야 하지 않냐는 나의 의견에 가상화폐 강의까지 무료로 해주시는 빈현우대표님. 그 후 나는 일주일 만에 상당한 수익을 얻을 수 있었다. 지금은 1달여 시간이 지났지만 엄청난 수익이 발생하고 있다. 다른 지인 분들도 많은 수익을 올리고 있다. 물론 계속 오르기만 하겠느냐만, 확실한 것은 블록체인이라는 막강한 플랫폼을 겸비한 이더리움은 계속 상승 곡선을 가질 수밖에 없다. 세계 각국에서 통화로 쓰이는 가상화폐는 점차적으로 늘어 4차 산업혁명을 대표할 것이라고 나는 확신한다. 스피치과정을 통해 3년 전에 맺어진 인연이 나에게는 큰 행운으로 다가왔다. 다시 한 번 빈현우대표님께 감사의 마음을 전한다. 이 책을 읽으신 분은 평생 한번 올까 말까 하는 큰 행운을 잡는 거라 생각하면 된다. 아직도 늦지 않았다.

-가상화폐 투자자

포항공대 컴퓨터공학도, Engineer, CEO, 그리고 현재는 스피치 마스터 대표강사. 끊임 없는 변화를 통해 열정의 화신처럼 살아온 빈현우 저자. '아프니까 청춘이다'의 저자 서울대 김난도 교수는 EBM포럼 강연에서, 서울대 구내식당 60여 가지 메뉴 중 가장 선택을 많이 받는 메뉴는 '아무거나'라고 말했다. 현대인은 늘 선택의 두려움을 느끼며 산다. 이 책은 그런 면에서 많은 도움이 될 것이라 믿어 의심치 않는다. 빈현우 저자의 혜안과 선택에 응원과 격려의 박수를 보낸다.

-중화산업 대표 김병화

우연히 독서모임에서 빈대표님을 만났다. 그러다 TED꿈이라는 강연에 참석하게 되었다. 그렇게 시작된 인연으로 스피치교실이라는 동호회도 맡아 운영하게 되었다. 어느 날부터인가 뭔가에 초집중하는 그의 모습에서 심상치 않음을 느꼈다. 처음에는 이해되지 않았지만, 그의 가상화폐 특강을 수차례 들으면서 그가 말하는 4차 산업혁명의 핵심 플랫폼, 블록체인, 미래 사회의 비전, Big Picture 가 이해되기 시작했다. 그의 특강이 집약된 이 책을 추천한다. 그리고 기회가 되면 그의 특강을 반드시 들어보기를 권한다.

-스피치교실 동호회 진행 강사 강진화

2017년 초 이더리움이 만원 정도일 때 지인의 권유로 살 기회가 있었다. 하지만 그건 사기라고 단정해 버렸다. 몇 개월 후, 페이스북 친구인 포항공대 컴퓨터공학도가 페이스북에 이더리움을 산다고 버젓이 올리지 않는가? 그것도 6만원에. 다소 의아하긴 했지만 고민하다 결국 매수를 결심했다. (나보다 똑똑한 사람이니 뭔가 이유가 있겠지?) 그 이후 나는 팔고 사고를 반복. 현재 4천만원 정도 수익이 났지만 빈현우대표와 조금 일찍 심도 있는 대화를 나눴다면 지금 4억은 충분히 벌었을 텐데. 아쉽다. 하지만 '늦었다고 생각할 때가 가장 빠를 때이다.' 라고 하지 않던가? 지금 이 책을 보고 있는 오늘도 몇 년 후에 돌아보면 '빠른 때'가 아닐까 생각해 본다.

-근육테라피스트 배재인

지난 5월, 우연히 블로그에서 발표불안에 관한 글을 읽고 38만원으로 스피치마스터과정을 듣게 되었다. 그리고 마침 그날 있었던 가상화폐 강의도 듣게 되었다. 강의에 홀린 듯, 2천만원으로 이더리움을 사게 되었다. 그리고 며칠 후 그 이더리움이 5천만원이 되었다. 사실 돌이켜보면, 타이밍이 절묘했다. 지금은 '황금알을 낳는 거위' 10마리를 키우고 있다. 인연이란 참으로 소중하다. 빈대표님과의 인연을 소중하게 생각한다. 여러분도 빈대표님과 어떤 식으로든 인연을 맺기를 바란다.

-이더리움 채굴기 10대 보유자

이 책은 반드시 읽어야 한다. 우리는 4차 산업혁명의 근간에 블록체인이 있다는 걸 잊으면 안된다. 블록체인은 컴퓨터 과학의 역사를 통틀어서 가장 근본적인 발명품에 속한다고 한다. 10여년 넘게 몸담고 있는 이 소매시장 또한 가상화폐를 사용할 수밖에 없는 필연적인 환경이 만들어질 것이다. 많은 기업들이 블록체인 기술의 비즈니스 적용에 뛰어들었다. 이 책은 시중에 나온 블록체인에 관한 어떤 책보다도 더 명확하게 우리가 알아야 할 핵심만을 알려줄 것이다. 블록체인과 가상화폐는 저기 멀리 있는 것이 아니다. 우리 앞에 너무 가까이 와 있다. 100년에 한번 오는 이 기회가 어떤 것인지 이 책을 통해서 반드시 얻길 바란다.

−Global sports brand, Newbalance korea team 이장우

많은 사람들이 가상화폐를 투기라고 말한다. 사실 투자와 투기는 보는 관점의 문제다. 비트코인이 나온 지 만 8년이 지났다. 8년 동안 이어지는 것을 우리는 투기라고 할 수 있을까? 그렇다면 주식시장 특히 코스닥에 상장된 모든 주식은 사실 투자가 아니라 투기다. 왜냐하면 8년 이상 이어지는 코스닥 상장사는 많지 않기 때문이다. 의심과 두려움에 맞서는 용기가 필요할 때다. 이더리움은 4차 산업혁명의 핵심 플랫폼이다.

−이더리움 채굴기 30대 보유자

책을 펴내며

　이 책을 쓰게 된 나는 행운아다. 이 책을 읽기 시작한 당신 역시 행운아다. 아니, 이 시대를 살고 있는 우리 모두가 행운아다. 왜냐하면 이 시대를 살고 있는 우리 모두에게 엄청난 기회가 왔기 때문이다. 나는 그 행운을 거머쥐었다. 당신도 그 행운을 거머쥘 수 있다. 왜냐하면 당신은 지금 이 책을 읽기 시작했기 때문이다.

　나는 책 제목 그대로 가상화폐 투자로 3달 만에 3억을 벌었다. 그리고 이 책이 출판될 즈음에는 그보다 훨씬 더 많은 수익을 거두게 될 것임을 확신한다. 그러나 동시대를 살고 있는 대부분은 이 기회를 잡지 못했다. 아니, 기회가 왔다는 사실조차도 모른다. 혹은 기회가 왔음을 어렴풋이 느끼고는 있으나 의심과 두려움을 넘어설 만한 용기가 없어 계속 관망만 하고 있다.

　포항공대 컴퓨터공학과를 나온 덕분에 나는 가상화폐의 실체를 누구보다 잘 파악할 수 있었다. 2014년부터 비트코인을 알고 있었기에 2017년 이더리움을 비교적 신속 정확하게 파악할 수 있었다. 그리고 과감히 투자를 단행했다. 투자금 5천만원으로 3달 만에 3억을 벌었고, 그 이후에는 가상화폐 채굴을 통해 지속적인 수익을 얻을 수 있는 기반을 다졌다.

방송과 신문에서는 가상화폐와 비트코인과 이더리움을 말하면서 마약, 해킹, 투기 등을 연결시킴으로써 일반인의 의심과 두려움을 자극한다. 결국 일반인의 뇌에는 '가상화폐 투자=위험한 투기'라는 공식이 만들어진다. 이 부분이 내가 안타까워하는 부분이다.

위험하지 않은 곳에는 이미 기회가 없다. 위험이 곧 기회다. 다만 그 위험을 잘 관리할 수 있다면 말이다. 그런데 매스컴에서는 가상화폐 투자를 위험하다고 말할 뿐, 그 위험을 어떻게 관리할 수 있는지는 말하지 않는다. 분명히 말하지만 가상화폐 거래는 위험하지만 이 가상화폐 거래의 위험을 헷지(hedge)할 수 있는 방법은 분명 존재한다. 나는 이 책에서 그것을 말하고자 한다. 가상화폐의 위험을 관리하면서, 수익을 극대화하는 방법 말이다.

이 책은 다음과 같이 구성되어 있다.

'100년 만의 기회가 찾아왔다'에서는 가상화폐로 3달 만에 3억을 번 스토리를 실었다.
'Big Picture 1', 'Big Picture 2'에서는 가상화폐를 둘러싼 큰 그림, 큰 흐름을 다루었다.
'가상화폐 획득방식'에서는 가상화폐 거래 및 채굴에 대해 구체적으로 다루었다.

'가상화폐 투자절차'에서는 가상화폐 거래방법 및 주의사항을 실었다.

'수익성 비교 : 거래 vs 채굴'에서는 거래할 것이냐, 채굴할 것이냐에 대해 다루었다.

'진짜와 가짜를 구분하자'에서는 가짜코인 및 대표적인 사기수법에 대해 다루었다.

'가상화폐 투자에 임하는 자세'에서는 가상화폐 투자 시 알아야 할 사항에 대해 다루었다.

'가상화폐를 대하는 다양한 관점들'에서는 가상화폐 투자 관련 다양한 실제 사례를 실었다.

'Q&A'에서는 채굴, 거래소, 가상화폐 투자, 프리세일 관련한 질문과 답변을 실었다.

'기타 이슈들'에서는 미처 본문에 싣지 못한 자잘한 이슈들을 다루었다.

'강의 소개 : 가상화폐 실전투자전략'에서는 필자의 오프라인 강의를 간단히 소개했다.

'참고 자료'에서는 미처 본문에 싣지 못한 자료 및 위키백과 내용을 실었다.

마지막으로 2017년 2월 강남의 한 커피숍에서 내게 '이더리움'이라는 단어를 처음으로 들려준 스피치마스터 4기 김병화회장님께, 이 책을 빌어 무한한 감사를 드린다고 꼭 말하고 싶다. 그리고 처음으로 이 책의 아이디어를 얘기했을 때, 멋진 책이 될 것이라며 아낌없는 응원과 격려를 해주신 엔터스코리아의 양원근대표님께도 감사를 전한다. 그리고 나에게 무한한 영감을 심어주는 나의 뮤즈(Muse)에게 무한한 사랑을 전한다.

이 책을 읽는 당신은 행운아다.

이 책을 선물해 준 이는 당신의 은인이다.

P.S – 제게 연락하시기 전에 먼저 이 책을 선물해 주신 분과 많은 대화를 나눠 보세요. 사실 지금도 기초적이고 반복적인 질문에 답변하느라 좀 힘들거든요. ^^ 그리고 먼저 책에 소개된 무료 특강에 참여하세요.

차례

차례

BITCOIN
ETHEREUM

100년 만의 기회가 찾아왔다

BITCOIN ETHEREUM

100년 만의 기회가 찾아왔다

100년 만에 한 번 오는 기회가 찾아왔다.

'과거의 경험 + 호기심 + 운.'

이 3가지의 조화로 나는 이미 그 큰 흐름에 올라탔다. 지난 2년간 누구보다 열심히 일해서 모은 종잣돈 5천만원을 과감히 4차 산업혁명의 큰 물결에 태웠다. 내 예상은 맞아떨어졌다. 4차 산업혁명의 속도는 3차 산업혁명의 속도보다 빨랐다. 종잣돈 5천만원은 순식간에 3억이 넘어서 버렸다. 딱 3달 만이다. 그리고 그 3억은 마치 황금알을 낳는 거위처럼 매일매일 새로 태어난 가상화폐를 내게 선물한다. 이제 이 3억은 새로운 종잣돈이 되었고 5천만원이 3달 만에 3억이 되었듯이, 생각보다 빠른 미래에 100억이 될 것이라 확신한다! 당신은 아마 이 새로운 화폐 패러다임의 변화를 실감하지 못할 것이다. 그러나 이 책을 다 읽는 순간, 나의 말이 실현 가능한 예언임을 이성적으로 알게 될 것이다.

2014년 어느 날

우연히 인터넷을 통해 비트코인을 알게 되었다. 기술에 대한 호기심이 남다른 컴퓨터공학과 출신이었던 나는 이 말도 안 될 것 같은 비트코인이란 놈을 후벼파기 시작했다. 공부하고 공부했다. 눈이 벌개지도록 밤새 관련 자료를 뒤적였다. 자료를 찾으면 찾을수록 말이 된다. 그러기를 한 달여. 나는 이 흥미로운 놈과 함께 하기로 했다. 1개당 40만원에 비트코인 10개를 샀다. 400만원어치. 비트코인을 사자마자 왠지 모를 뿌듯함이 밀려왔다.

그리고 비트코인을 향한 나의 열정에 화답하기라도 하듯이 내가 산 다음날부터 슬슬 오르기 시작했다. 한 달 정도 만에 400만원이 600만원이 되었다. 비트코인을 산 이후로도 나는 공부를 멈추지 않았다. 알면 알수록 정말 매력적인 놈이었다. 비트코인에 대한 호기심이 극에 달한 나는 새로운 지식을 찾아 인터넷을 뒤졌고, 비트코인 이외에도 많은 가상화폐(비트코인 이외의 가상화폐를 통상 알트코인이라 부른다)를 발견했다. 이건 그야말로 신세계였다.

그 당시 눈에 띄는 것이 라이트코인. 자료들에서는 비트코인이 금화라면 라이트코인은 은화라며, 금화가 있으면 은화도 필요한 것이라며 라이트코인의 가능성에 대해 말하고 있었다. 그러나 웬일인지 내게 라이트코인은 별로 매력적이지 않아 보였다. 그러다가 나는 잭팟코인이란 것을 찾아냈다. '오잉? 이거 재밌는데?' 얼핏 보아서는 도박 전용 코인 같은데 그런 건 아니었고, 특정 블록에서 잭팟이 터지면 코인이 대량으로 주어진다는 개념이었다.

나는 한번 더 과감해 지기로 했다. 그래서 비트코인 10개로 잭팟코인을 샀다. 그리고 가상화폐 관련 카페에도 가입해서 비트코인과 잭팟코인에 대한 환상을 쏟아내었다. 그리고 그로부터 3달 후. 잭팟코인은 이 세상에서 자취를 감췄다. 잭팟코인은 더 이상 거래도 되지 않는 죽은 코인이 되었다. 400만원이 0원이 되는 순간이었다. 아! 400만원! 작은 돈이라면 작은 돈이고, 큰 돈이라면 큰 돈이었다. 한때 1,000만원까지 올라갔던 내 400만원은 그렇게 공중분해가 되고야 만다.

뼈저린 경험이었다. 가상화폐? 비트코인? 다시는 이런 이상한 짓거리는 하지 않으리라 이를 악물고 다짐했다. '그래, 열심히 일해서 돈 벌어야지. 그게 정직한 삶이지.'라며 큰 경험했다며 스스로를 다독거렸다. 한편으론 '난 왜 이럴까? 예전에 주식으로 말아먹을 때도 삼성전자, 포스코 이런 것은 안 하고 맨날 1,000원짜리 주식하다가 상장폐지되기 일쑤였는데 또 그랬단 말인가.'라며 스스로를 자책하기도 했다.

2017년 2월 어느 날

"빈대표, 이더리움이라고 들어봤어?"

"네? 그게 뭔데요?"

"빈대표, 그럼 비트코인은 알지?"

존경하는 지인의 한 마디로 시작된 그날의 만남으로 인해 나는 이더리움을 처음 알게 되었다. 오랫동안 경영해 오던 회사를 정리하고 지금은 봉사활동을 하시는 분이다. 주로 아프리카에서 우물을 파는 분인데 나를 만날 때면, "빈대표, 우물 하나 파지? 하나 3천만원이야. 이 우물 하나면 수백명의 생명을 구하는 거야."라며 늘 우물, 우물 하시던 분이셨다. 그런데 웬 비트코인?

순간 3년 전의 쓰라린 경험이 떠올랐다. 그러나 내가 존경하는 분이시고 실없는 소리는 안 하시는 분이시기에 그리고 아프리카에서 막 귀국하고 그 무용담을 내게 들려주고 싶어 만난 자리이기에, 우물 얘기와 더불어 비트코인 얘기도 귀담아 들어보기로 했다.

"빈대표, 앞으로 이더리움의 시대가 올 거야. 비트코인도 정말 기가 막히지만 이더리움은 더 기가 막히다고."라며 마치 평소 우물에 대한 열정이 이더리움으로 옮아간 듯 열변을 토하셨다.

"빈대표, 나 이걸로 돈 많이 벌어서 우물 100개 팔 거야. 100개. 하하하하하."

그런데 이 분은 비트코인에 대해서도 잘 모르신다. 내가 아는 지식의 10% 정도. 이더리움이야 처음 듣는 단어이니 당연히 나보다 조금 더 아시겠지만 ^^ 뭐, 비탈릭 부테린이란 천재가 2015년에 만들었고, 세계적인 기업들이 관심을 보이고 있고, 앞으로 시가총액으로 비트코인을 넘어설 가능성도 있고, 등등등 말씀

하시는데 흠…… 오랜만에 또다시 나의 호기심을 자극하는 이슈가 등장한 듯했다.

그날 이후, 나는 3년 전의 나로 돌아가 있었다. 다시 인터넷을 뒤졌다. 지난 3년간의 비트코인의 횡보를 추적해 보았다. 참 많은 일이 있었다. 해킹, 마약거래, 각 정부의 반응, 그리고 한국의 반응 등 비트코인을 둘러싼 사건들을 낱낱이 조사했고 그 숨은 배경이 무엇일까에 대해 곰곰이 생각하며, 팩트(fact)와 가정 그리고 앞으로의 미래에 대해 추론해 나갔다. 물론 이더리움에 대해서도 낱낱이 조사하기 시작했다. 그러면서 나는 한 줄기 빛을 보았다. 그 한 줄기 빛 속에서 3년 전의 뼈아픈 실패를 만회할 기회가, 아니 그보다는 훨씬 큰 엄청난 가능성을 보기 시작했다.

2017년 3월 11일

새로운 것을 공부하는데는 한 달 정도면 충분한 것 같다. 다만 초집중을 해야 한다. 모든 데이터를 샅샅이 뒤지고 그 데이터 사이의 연관성을 찾아내고, 과거의 사건들을 추적해 가며 그 과거의 흐름 속에서 미래의 흐름을 파악해 내는 것. 단지 수많은 데이터의 나열은 의미가 없다. 중요한 것은 이 데이터로부터 명백한 결론을 이끌어 내는 것이 중요하다. 딱 한 달 만에 나는 결론을 이끌어 내었다. 그리고 그 결론에 대해 나는 확신을 갖게 되었다. 이더리움은 단순한 가상화폐가 아니라 블록체인 그 자체이며, 4차 산업혁명의 핵심이라는 것을 알게 되었다. 이더리움이 비트코인보다 더 대단한 놈임을 알게 된 것이다. 한 달 전, 내게 '이더리움'이라는 단어를 들려준 그 지인이 한없이 고맙게 느껴지는 순간이었다.

하늘이 내린 타이밍인지 수중에 가진 현금이 있었다. 내 강의실을 마련하고자 지난 2년간 알차게 모아온 5천만원. 고민은 길지 않았다. 나는 알았다. 3년 전의 그 '이상한 짓거리'가 결코 이상한 짓거리가 아니었음을. 그날의 그 경험이 있었기에 바로 오늘 모든 것을 선명하게 볼 수 있음을. 나는 같은 실수를 반복하지 않기 위해 고시공부하듯 이더리움을 둘러싼 시공간을 낱낱이 탐색했고, 3년 전의 그 경험은 내게 엄청난 자산이 되어 주었다.

3년 사이에 비트코인을 비롯한 수백종의 가상화폐가 탄생했고 그 중의 하나가 이더리움이었다. 이더리움을 공부하면서 다른 알트코인 백서들도 읽었다. 정말 대단한 코인(가상화폐)들이 많았다. 획기적이었다. 그러나 나는 과거의 실수를 곱씹으며 다른 코인들은 투자 대상에서 과감히 제외시켰다. 기억하는가? 잭팟코인!!! 잭팟을 기대하던 내게 쪽박을 안겨준 바로 그 사건 말이다.

스터디 결과 나는 알아냈다. 이더리움의 신비를. 유레카!!! 그리고 채굴기(채굴 및 채굴기에 대해서는 본문에서 자세히 설명하겠다)의 신비를. 유레카!!! 나는 가진 돈을 모두 털어 이더리움과 채굴기를 샀다. 결론이 나자 나는 과감히 5천만원을 질렀다. 지인으로부터 처음 이더리움 이야기를 들었을 때 이더리움 가격은 2만원이었고 이더리움에 대해 후벼 파던 그 한 달 사이에 6만 원으로 뛰어 버렸다. 상관 없었다. 왜냐하면 나의 연구결과는 이렇게 말하고 있었다.

"2017년 말 이더리움 가격 = 30만원."

2017년 5월 13일

그리고 2달이 지났다. 나의 예상은 적중했다. 나의 투자금 5천만원은 1억5천만원이 되었다. 이더리움은 10만원을 넘어섰다. 3월에 이더리움을 투자하면서 가까운 지인들에게 이 기특한 놈에 대해 알려주었다. 여러분은 혹시 지인들의 반응을 예상하시는가? 이런 반응이었다.

"말이 되는 소리를 해라."

"튤립 투기랑 뭐가 다르냐?"

"뭐? 도토리 비슷한 거냐?"

"이놈아, 열심히 일해서 돈 벌 생각을 해."

"저는 제가 아는 분야 이외에는 투자하지 않습니다."

"증권사에 있는 지인이 아직 가상화폐 투자는 시기상조라고 하네요."

심지어 블록체인을 연구하는 S사의 직원조차도,

"우와 대단하네요. 그렇지만 저는 바빠서."라고 말했다.

지인들께 두세 번 톡으로 이더리움이 가져올 세상의 변화에 대해 보내 드렸으나 그다지 반응이 없었다. 그러나 나는 이 좋은 것을 나만 알고 있을 수는 없었다. 알리고 싶었다. 그리고 증명하고 싶었다. 이더리움의 미래에 대한 나의 확신은 점점 커져갔다. 이 100년 만에 한번 오는 멋진 기회를 혼자만 알고 있을 수는 없었다. 급기야 나는 강의를 통해 내가 그동안 공부해 온 것들과 지난 3월부터 5월까지의 수익률을 공개하기로 했다.

'나는 가상화폐로 2달 만에 1억 벌었다.' 라는 제목의 강의는 그렇게 시작되었다. 이른바 가상화폐 실전투자전략 1차 특강이었다. 2014년의 그 뼈아픈 추억, 그리고 2017년 2월에 이더리움을 알았고 3월에 투자를 단행해서 5월에 1억이 된 스토리를 팩트 위주로 들려주었다. 수익률을 낱낱이 공개했다. 그리고 앞으로의 나의 예측, '2017년 말 이더리움 30만원' 이라는 파격적인 발언을 했다.

카톡으로 보낼 때와 2시간 동안의 강의로 얘기할 때와는 그 결과는 확연히 달랐다. 나는 구체적으로 이더리움 투자를 어떤 방식으로 해야 하는지에 대해 자세히 들려주었다. 엑셀을 이용해서 시뮬레이션을 한 결과를 알려주었다. 그날 강의를 들은 지인들 중 10여 명이 나와 같은 방식으로 투자를 시작했다. 그리고 그들도 수익이 나기 시작했다. 불과 며칠 만에 1억을 벌었다는 사람도 나왔다. 내가 발견한 가상화폐 실전투자전략은 단 하나의 예외 없이 모두에게 수익을 안겨다 주었다. 적게는 수백만원에서 많게는 수억원까지.

2017년 6월 3일

연말에 이더리움이 30만원 가리라는 나의 예언을 비웃기라도 하듯, 1차 특강 이후 며칠 만에 이더리움은 이미 30만원을 넘어서기 시작했다. 강의를 들은 사람들이 2차 특강을 요청했다. 말인즉슨,

"그날은 반신반의하며 들었거든요. 한번 더 해주시면 정말 제대로 듣게 될 것 같아요. 그리고 그동안 저도 나름 공부를 해서 이해도 더 잘 될 것 같아요. 아! 그리고 제 아내를 데리고 가고 싶어서요. 꼭 한번 더 해주세요."

소문은 참 빠르다. 며칠 사이에 내 강의가 용하다는(^^) 소문이 퍼지기 시작했다.

'누구누구가 어떻게 어떻게 해서 돈을 벌었다더라.' 라는 소문은 정말 위력적이었다.

지인들의 요청으로 전혀 예정에 없던 2차 특강을 진행하게 되었다. 1차 특강에 오신 분들이 다시 오시기도 했고, 소식을 듣고 오신 분들도 있어서 이번에는 70여 명이 모였다. 지인들로부터 투자 수익에 대한 소식을 전해 들은 지인의 지인들까지 찾아왔다. 어느덧 5월 13일 이후 나의 투자원금은 불과 20일 사이에 다시 1억5천이 더 불어나 있었다. 3억.

그래서 2차 특강의 제목을 바꿨다.

"나는 가상화폐로 3달 만에 2억 벌었다."

2차 특강을 통해서는 20여 명이 나의 가상화폐 실전투자전략

대로 투자를 시작했다.

아! 이쯤에서 나는 확실하게 해 두고 싶은 게 있다. 강의에서도 말하지만 투자는 개인의 선택이며 그 결과 또한 개인의 책임이다. 나는 단지 내가 공부한 결과 그리고 내가 투자한 결과를 사람들에게 말씀드리는 것이다. 나는 이더리움 투자에 대한 수수료를 받는다거나 투자대행을 한다거나 하지 않는다. 그저 '일반인들은 모르는 이러이러한 투자법이 있고 나는 그 투자법으로 투자를 해서 이러한 정도의 수익을 창출했다.' 라고 말씀드리는 것이니, 판단은 각자 알아서 하시면 좋겠다.

돈을 벌어도 여러분의 몫이고 돈을 잃어도 여러분의 몫이다. 여러분이 돈을 벌었다고 해서 내게 밥을 살 필요도 없고 여러분이 돈을 잃었다고 해서 내가 위로주를 사지도 않을 것이다. 물론 내 개인적인 생각은 내가 소개하는 가상화폐 투자법은 그 어떤 방법보다 큰 수익을 당신에게 안겨 주리라 생각하지만, 세상일이란 모르지 않는가! 세상에 100% 확실한 것이 어디 있으리.

그후

원고를 쓰는 와중에 나는 또 1억을 더 벌었다. 애초에 책 제목은 '나는 가상화폐로 3달 만에 2억을 벌었다.' 였는데, 아마 책 제목이 '나는 가상화폐로 3달 만에 3억 벌었다.' 로 바뀌지 않나 싶다. 그런데도 많은 사람들은 가상화폐를 의심하고 두려워한다. 의심과 두려움의 이유는 무엇일까? 모르기 때문이다. 맞다.

모르면 위험하다. 그러나 위험을 관리할 수 있을 때, 그 위험은 큰 기회로 바뀐다. 이 책을 통해 가상화폐 투자의 위험관리를 배우기 바란다. 기회가 보일 것이다.

나는 이렇게 전망한다. 나의 자산은 곧 100억이 될 거라고.

이 책을 다 읽고 이 책을 덮는 순간, 당신은 그 이유를 명백히 알게 될 것이다.

당신이 이 책을 발견한 것은 그야말로 전생에 나라를 구한 덕이다. 만약 당신이 이 책을 선물받았다면 이 책을 선물해 주신 분은 당신의 은인이다. 이 책을 다 읽은 후 당신은 장문의 문자로 그분에게 감사를 전하게 될 것이다.

이 책을 잘 읽고, '가상화폐 실전투자전략'을 잘 따라 한다면, 당신 또한 신흥부자가 될 것이다.

당신의 건투를 빈다.

제1장

Big Picture 1

1_
돈 = 믿음

당신은 먼저 큰 그림을 볼 줄 알아야 한다. 많은 이들이 대부분의 투자에서 수익을 거두지 못하는 이유는 큰 그림을 보지 못하기 때문이다. 자, 돈에 대한 큰 그림을 한 번 보자. 이 기초지식을 제대로 다져야 가상화폐의 미래가 비로소 이해되기 시작할 것이다.

돈이 무엇이라고 생각하는가? 돈은 믿음이다. 무슨 말인가 하면, 사람들이 돈을 돈이라고 믿지 않으면 돈은 더 이상 돈이 아니라는 말이다. 한국 돈을 스페인에 가서 쓸 수 있을까? 거의 불가능하다. 그 이유는 스페인 사람들은 한국 돈을 돈이라고 생각하지 않기 때문이다. 마찬가지로 스페인 돈 또한 한국에 들어오면 거의 돈으로서의 역할을 하지 못한다.

그런데 달러는 어떤가? 달러는 한국에서든 스페인에서든 돈으로서의 역할을 한다. 그 이유는 일부 지역을 제외하고는 전 세계인이 달러를 믿기 때문이다. 즉, 돈은 믿음이다. 사람들이 돈을 돈으로 믿지 않는 순간, 그것은 그냥 종이에 지나지 않고 컴퓨터에 찍힌 숫자에 지나지 않는다.

세계적으로 많은 금융위기가 있어 왔다. 2008년에도 세계적인 금융위기가 있었다. 리먼브라더스 사태. 그때 미국은 이 세계적인 금융위기를 타파하기 위해 달러를 마구잡이로 찍어내게 된다. 이 대목에서 뭔가 이상하다고 생각한 적은 없는가? 분명히 이상하게 생각해야 한다. 왜냐하면 이건 참 희한한 시스템이기 때문이다. 일반인은 그야말로 피땀 흘려 일한 노동의 대가로 돈을 버는 데 누구는 그냥 달러를 찍어낸다? 아무리 생각해도 이건 참 희한한 시스템이다.

비단 대한민국뿐만이 아니라 전 세계적으로도 그럴 것인데, 일반인은 노동을 신성시하고, 열심히 일한 대가로 버는 돈이 정말 가치 있는 돈이라고 믿고 있다.

여기서 질문. 왜 그렇게 믿는지 아는가? 왜 열심히 일한 대가로 버는 돈이 정말 가치 있는 돈이라고 믿는지 아는가 말이다. 스스로 그렇게 믿게 되었을까? 아니다! 당신은 누군가로부터 배웠고 누군가로부터 들었다. 선생님에게 배웠고 부모님께 들었다. 그리고 그 선생님은 그렇게 가르치라고 교육받았고, 부모님 또한 그 누군가로부터 들었다. 그렇다면 그 누군가는 누굴까? 혹시 저어기 위에 마음대로 돈을 찍어내는 그들이 아닐까? ㅋ~~~ 그냥 한 번 생각해 보시라는 거다.

대부분의 사람들은 생각하기 싫어한다. 그냥 기득권이 시키는 대로 살아간다. 더 기막힌 것은 기득권이 심어준 믿음을 철저하게 믿고 살아간다. 사실 상식이라고 생각되는 믿음을 의심하는 것은 별로 유쾌한 일은 아니다. 그냥 믿고 사는 것이 편하긴 하다. 그러나 그중에 나처럼 '상식을 의심하는 자'들이 있다. 그리고 그들이 세상을 변화시켜 간다. 혹자는 말한다. 인문학의 출발은 '내 아버지가 진짜 내 아버지가 맞을까?'라는 의심에서 시작한다고. ^^

아무튼 일반인은 열심히 일해서 돈을 버는 데 누구는 마음만 먹으면 돈을 찍어낸다는 사실. 이 사실에 분개한 걸까? 나카모토 사토시라는 정체 모를 누군가가 비트코인이라는 것을 만들어 낸다. 그리고 그것을 가상화폐 또는 암호화화폐라고 칭했다. 2008년에 일어난 일이다.

2_
비트코인의 탄생

자, 여기서부터 당신이 알게 될 내용은 정말 쉬운 내용이지만 당신이 명백히 알고 있어야 할 내용이다. 이 체계를 명백하게 알게 되면 당신은 세상의 원리의 많은 부분을 알게 되는 것이다. 다시 한 번 강조한다. 그냥 '들어봤다'와 '명백히 안다'는 것은 다르다. 당신은 이 쉬운 내용을 곱씹고 곱씹으며 명백히 알아야 할 것이다. 자, 지금부터 집중하기 바란다.

자, 사토시가 블록체인 기반으로 비트코인이란 것을 만들었다. 그리고 세상을 바꿀 암호화화폐라고 한다. 블록체인의 구현이며 중앙은행의 통제를 받지 않으며 금융비용이 거의 발생하지 않는 기술이 사용된 가상화폐라고 주장하기 시작했다. 그러면 사토시가 화폐라고 우기면 그것이 화폐일까? 물론 아니다. 거래가 되어야 화폐다. 교환의 매개체로서의 역할을 하고 그 교환에 참여하는 사람들이 그 역할에 대해 인정해 주어야 비로소

화폐다.

2008년 만들어진 이 비트코인은 한동안은 화폐로서의 역할을 하지 못했다. 일부 관련자 이외에는 아무도 비트코인이 만들어진 사실조차 알지 못했다. 획기적인 기술을 기반으로 한 4차 산업혁명의 근간이 될 수 있는 비트코인은 그렇게 묻혀져 가는 듯했다.

그러다 이 비트코인의 가능성에 대한 소문이 조금씩 퍼지기 시작했다. 특히 개발자를 중심으로, 블록체인을 연구하는 사람들을 중심으로 비트코인에 대한 연구가 활발해졌다. 사토시는 소스코드를 모두 공개했다. 그리고 관심 있는 모든 사람들이 참여하여 비트코인을 검증해 주기를 바랐다. 이로 인해 시간이 지나면서 IT분야의 사람들을 중심으로 비트코인을 아는 사람들이 조금씩 늘어나기 시작했다. 그러나 기술적인 관심과는 별개로 여전히 비트코인을 화폐라고 인식하는 사람은 사토시 이외에는 아무도 없었다.

그러던 어느 날, 비트코인에 관심이 있는 사람이라면 누구나 아는 하나의 사건이 일어난다. 이른바 비트코인 피자사건. 2010년 5월. 비트코인이 만들어진 지 3년째 되던 날. 비트코인이 화폐로서의 역할을 하는 최초의 사건이 발생한다. 피자 2판을 1만 비트코인으로 주문한 이 역사적인 사건이 일어난 날 5월 22일을 많은 이들은 '피자데이'라고 부른다.

첫 거래가 일어난 것이다. 비트코인이 비로소 화폐로서의 기능을 한 것이다. 피자 2판이 1만원이라면 1비트코인이 1원이고, 피자 2판이 5만원이라면 1비트코인은 5원인 셈이다. 뭐 어쨌든, 얼마로 거래가 되었거나 중요한 것은 비트코인으로 피자를 사 먹었다는 사실이다. '비트코인=화폐'라는 믿음이 싹트기 시작한 역사적인 순간이었던 것이다.

그날의 사건이 이벤트였건 아니건 아무튼, 그날 이후 비트코인을 아는 사람들이 급격히 늘어나기 시작했다. 이 역사적인 사건은 페이스북을 타고 전 세계로 퍼져 나가기 시작했으며 친구의 친구의 담벼락의 글을 보고 그 글이 또 공유되고, 또 친구의 친구에게로 전파되기 시작했다. 즉, 비트코인을 아는 사람들이 늘어나기 시작했고 비트코인의 화폐로서의 가능성을 믿는 사람들 또한 늘어나기 시작했다. 한 명이 두 명이 되고 두 명이 네 명이 되고 네 명이 여덟 명이 되는 페이스북의 신비가 펼쳐진 것이다. 그리고 2017년 6월 16일 현재 비트코인은 300만원을 넘어서고 있다.

5원으로 최초 거래되던 비트코인이 7년 만에 300만원이 된 것이다. 뭐 굳이 계산해 보자면 60만 배가 뛰었다느니, 60,000,000% 상승했다느니 하는 말들을 인터넷에서 발견한다면 바로 이 피자 데이 사건 이후에 얼마나 올랐느냐 하는 것을 두고 하는 말이다.

3_
안다 → 믿는다 → 산다

자, 여기서 2010년 5월 이후 현재까지 비트코인을 둘러싼 큰 흐름을 다시 되짚어 보자. 이 큰 흐름을 알아야 당신은 잔 파도에 휘둘리지 않는다. 큰 흐름을 알면 잔 파도는 그저 즐길거리일 뿐.

3단계로 나누어서, 지난 7년을 돌아보도록 하자. 이 3단계는 앞으로 당신이 무슨 일을 하든 명심해야 할 Big Picture가 될 것이다.

1) 안다.

처음에는 대부분의 사람들이 비트코인을 몰랐다. 비트코인의 존재 자체를 몰랐던 것이다. 피자데이 이후 점점 더 많은 사람들이 알기 시작했다. 그리고 2017년 6월 현재, 특히 한국에서는 연일 뉴스와 신문에서 가상화폐, 비트코인, 이더리움을 얘기하고 있으니 이제는 꽤 많은 사람들이 비트코인을 알게 되었다. 자, 그럼 앞으로는 어떻게 될 것인가? 앞으로 점점 더 많은 사람들이 비트코인을 알게 될까? 당연하지.

나는 앞으로 더 많은 사람들이 비트코인을 알게 될 것이라고 생각한다. 추산해 보건데 현재 비트코인을 알고 있는 사람들은 전 세계 인구의 1%도 채 되지 않는다. 대략 5천만명 미만의 사람들이 비트코인을 한번쯤은 들어본 정도다. 자, 이제 묻겠다. 당신은 동의하는가? 앞으로 더 많은 사람들이 비트코인이라는 것을 알게 될 것이라는 사실에 말이다. 동의한다면 그 다음 단계인 '믿는다'로 가 보자.

2) 믿는다.

비트코인을 들어봤다고 해서 모두가 비트코인을 믿는 것은 아니다. 많은 이들은 비트코인을 의심한다. 인터넷에서 비트코인을 검색해 보면 마약, 랜섬웨어, 사기 등 다양한 부정적인 기사들이 보인다. 얼마 전 방송된 SBS 8시 뉴스에서도 비트코인을 비롯한 가상화폐를 투기열풍이라고, 위험하다고 보도했다. 그러므로 비트코인을 접하는 대부분의 사람들은 비트코인과 마약과 랜섬웨어와 투기와 사기를 함께 떠올린다. 곧 폭락할 튤립투기라고 생각한다. 따라서 비트코인을 알고 있는 5천만명 중 대부분의 사람들은 비트코인을 의심한다.

좋다. 그렇다면 비트코인을 아는 모두가 비트코인을 의심할까? 아닌데? 적어도 나는 비트코인을 비롯한 가상화폐의 미래를 믿는데? 그리고 나만 그런 건 아닐 텐데? 그렇다. 중요한 사실은 비트코인을 아는 사람들 중 일부는 비트코인을 믿기 시작한다는 사실이다. 그것이 극히 일부라 해도 말이다. 여기서 중요한 사실은, 알아야 믿는다는 말이다. 들어보지도 않았다면 믿을 여지도 없다. 무슨 말인가 하면, 비트코인에 대해 들어본 사람들이 늘어나면 늘어날수록 비트코인을 믿는 사람들도 늘어날 수밖에 없다는 것이다.

비트코인을 믿는 사람들은 비트코인을 아는 사람들의 10% 정도로 보여진다. 90%는 의심하고 10%는 믿는다. 대략 5백만명 미만의 전 세계인이 비트코인을 비롯한 가상화폐의 미래를 믿는 편이다. 그리고 그중 다시 10%인 50만명 정도가 가상화폐의 미래에 대해 확신을 가진다. 비트코인의 미래를 믿는 사람의 숫자는 대략 50만명 정도로 추산된다. 현재로선 말이다. 다시 한 번 강조한다. 비트코인을 아는 사람들이 앞으로 늘어날까? 그렇다. 그럼, 비트코인을 믿는 사람들이 앞으로 늘어날까? 그렇다!

3) 산다.

비트코인을 믿는 사람들 중 일부는 비트코인을 사기 시작한다. 특히 나처럼 비트코인의 미래를 확신하는 사람들 중 많은 이들은 비트코인을 보유하고 싶어한다. 물론 비트코인을 믿는 모든 사람들이 비트코인을 사지는 않는다. 믿긴 하지만 여전히 대부분의 사람들은 비트코인은 투자대상으로서는 위험하다고 생각한다. 부동산도 있고 주식도 있는데 굳이 위험한 비트코인 투자를 하지는 않는 것이다. 그러나 믿는 이들 중 일부는 비트코인을 산다. 현재 비트코인을 보유하고 있는 사람은 대략 5만명 미만으로 보여진다. 뭐 이 숫자는 정확치는 않다. 정확한 통계자료는 없으니 말이다. 최근 비트코인을 아는 사람이 급격히 늘었고 비트코인을 믿는 사람도 그만큼 늘어났으니 어쩌면 이보다 훨씬 더 많은 사람들이 비트코인을 보유하고 있을지도 모른다.

4_
Big Picture 1 정리

'안다 → 믿는다 → 산다' 전 세계 인구 70억 중의 1% 미만이 비트코인을 안다. 그리고 그중 다시 10%가 비트코인을 믿는다. 그리고 그중 10%가 비트코인을 확신한다. 그리고 그중 다시 10%가 비트코인을 거래한다. 전 세계 인구 70억의 0.001% 미만인 5만명 정도가 비트코인을 가지고 있다.

앞으로 비트코인을 아는 사람들은 더 늘어날 것이다. 아는 사람들이 늘어나면 믿는 사람이 늘어난다. 믿는 사람이 늘어나면 사는 사람이 늘어난다. 기억하라. '안다 → 믿는다 → 산다' 그럼, 수요와 공급의 법칙에 의해 비트코인의 가격은 오를 수밖에 없다. 이것이 2010년 5월 피자사건 이후 2017년 6월까지 일어난 큰 그림이다. 수많은 사건들 말고 큰 그림 말이다.

그럼 앞으로 비트코인을 아는 사람들이 얼마나 늘어나며 또 믿는 사람들은 얼마나 늘어나며 또 사는 사람들은 얼마나 늘어

날까? 그리고 비트코인의 가격은 얼마까지 오를까? 천만원? 1
억원? 혹은 그 이상? 비트코인이 백만원 정도이던 때에는 비트
코인이 천만원까지 오를 거라 하면 아무도 믿지 않았다. 그러나
비트코인이 3백만원인 현재 비트코인이 조만간 천만원이 될 거
라 하면 많은 사람들이 귀를 기울이기도 한다. 물론 현재로선
비트코인이 1억원이 될 것이라 하면 아무도 믿지 않는다. 나는
머지않아 비트코인이 1억원이 될 거라고 얘기해도 귀를 기울이
는 사람들이 생겨날 것이라 생각한다.

　그럼, 언제 천만원이 될까? 2018년? 2020년? 2030년? 누구나
예측할 수는 있겠지만 아무나 맞출 수는 없는 비트코인 가격. 그
러나 분명한 건 언제가 되었든, 비트코인은 분명 1억원을 넘어설
것이라는 사실이다. 이 글을 읽는 당신이 살아 생전에 말이다.
이것이 비트코인을 둘러싼 첫 번째 Big Picture다.

　부언하자면, 이더리움이 아니라 비트코인을 가지고 예를 든
것은 비트코인이 아직까지는 일반인들에게 익숙하기 때문이다.
그러나 현재 이더리움이 비트코인의 시가총액을 바짝 뒤쫓고 있
으며 빠르면 연내에 비트코인을 넘어설 전망이다. 위에서 얘기
한 Big Picture는 이더리움에도 그대로 적용된다. 방송, 뉴스 덕분
인지 최근 이더리움을 아는 사람들이 급격히 늘어나고 있으며
국내 기업에서도 관심을 보이고 있다. 따라서 이더리움을 믿는
사람들 또한 늘어나고 있다. 이것이 2017년 초 1만원하던 이더리
움이 현재 30만원을 넘어선 큰 배경 중 하나이다.

공식화해서 기억하기 바란다.

'안다 → 믿는다 → 산다'

제2장

Big Picture 2

BITCOIN

ETHEREUM

1_
돈의 역사

자, 이제 두 번째 Big Picture를 공부할 시간이다. 누구나 알고 있는 돈의 역사부터 한 번 살펴보자. 그래야 가상화폐를 둘러싼 큰 흐름이 이해가 될 것이다. 역시 누구나 다 아는 이야기로부터 시작해 보고자 한다. 다시 한 번 말하지만 아는 것과 적용하는 것은 다른 분야이다. 나는 그저 독자 분들께서, 이 책을 잘 읽어서 아는 내용을 삶에 적용할 수 있기를 바랄 뿐이다. 자, 진도 나가 보자.

처음에는 물물교환. 엄청 불편했다. 사실 그때는 불편한 줄도 몰랐을 것이다. 아무튼 그러다 조개껍데기 같은 걸 매개체로 교환을 하기 시작했다. 뭐 다른 것도 있었겠지. 우리는 그저 책에서 알려준 대로 배웠으니, 그저 조개껍데기 정도 기억할 것이다. 그러다가 금이라는 것이 거의 전 세계적인 물물교환의 매개체로 작동하기 시작했다. 처음에는 금을 저울로 달아서 쓰다가 이후에는 금을 동그랗게 만들어 그 금의 무게에 달하는 숫자를 기입하여 굳이 저울로 달지 않아도 금의 가치를 알 수 있게 하기 시작했다. 금화를 만들어서 쓰기 시작한 것이다. 인류 최초의 돈이다.

그러나 금화는 시간이 지나면 닳아서 그 가치가 훼손된다. 게다가 구리 등 타 금속을 섞어 넣은 가짜 금화가 나오기 시작했다. 눈치 빠른 이들은 '좋은 금화'는 집에다 두고 '나쁜 금화'를 사용하고는 했다. 뭐 '악화가 양화를 구축한다.'는 말이 여기서 나온 거라는 말이 있다. 게다가 또 하나의 심각한 문제가 나타나기 시작했다. 많은 양의 금 또는 금화를 축적한 이들은 그것을 보관하기가 쉽지 않았다. 늘 도난의 위험이 도사리고 있었다(현대에도 은행이 털리는 판에 일반인의 금고나 창고야 더 쉽게 털렸을 것이다).

그래서 생겨난 것이 금 보관소. 금 보관소에서는 금을 맡겼다는 증서를 발행해 주었다. 그리고 언제든지 금이 필요하면 이 증서를 금 보관소에 돌려 주고 금을 찾아오면 되었다. 물론 금 보관소는 일반인의 금고보다 훨씬 더 철통방어를 했을 것이다. 그런데, 어라? 이것 봐라? 언제부터인가 물건을 사는 데 금이 아니라 금 보관증도 받아주기 시작한 것이다. 금 보관증이 교환의 매개체가 되기 시작한 것이다. 즉, 금 보관증이란 금을 어딘가에 맡겼다는 증서이므로 이 증서를 받고 물건을 내준 이후, 이 증서를 가지고 금 보관소에 가면 언제든 금을 찾을 수 있었기에 굳이 금을 받지 않고 이 증서를 받아도 되는 것이었다. 말 된다!

2_
지폐의 탄생

이 금 보관증이 화폐로서의 역할을 하게 되는 순간이다. 달리 말하자면 최초의 지폐가 탄생한 셈이다. 이제 사람들은 힘들게 금을 들고 다니지 않아도 되었다. 이 지폐를 이용하여 편리하게 물건을 사고 파는 것이 가능해졌다. 지폐가 금보다 훨씬 가볍고 간편하고 휴대하기가 편해졌다. 또한 집에 보관하기도 편했다. (시간이 지나면서 사람들은 이 금 보관증 자체가 가치를 지녔다고 믿게 되었다. 그리고 더 시간이 지나면서는, 지폐가 금 보관증으로부터 출발했다는 사실 자체를 모르는 사람들이 점점 더 많아졌다. 아마 지금 초중고 학생들 대부분은 이 돈의 역사를 모를 것이다.)

그런데 희한한 일이 벌어지기 시작했다. 금 보관증, 즉 지폐는 언제든 금으로 교환할 수 있었기 때문에 아무도 금으로 교환하지 않는 현상이 벌어진 것이다. 언제든 할 수 있으니까 하지 않는다! 그렇지 않은가? 나는 분명 금을 맡겼고 금 보관소는 믿을 만하니, 굳이 금을 찾아갈 이유도 없고 뭐 일주일에 한번씩 찾아가서 "내 금 잘 있나요?"라고 확인하지는 않을 테니 말이다(처음에는 그랬을 수도 있을 것 같다). 자, 바로 이 대목에서 금 보관소의 도덕적 해이가 발생한다.

금을 맡겨 놓고는 아무도 찾아가지 않는다. 시간이 지나자 이제는 금이 있는 것 자체에 거의 신경도 쓰지 않는다. 그들은 아마도 이런 생각을 했을 것이다.

"금을 그냥 썩히니 아깝잖아. 필요한 사람에게 빌려주어도 되겠군."

아무도 찾아가지 않으니 이제는 맡긴 금을 빌려주어도 되는 것이다. 안 찾아가니깐 뭐 그냥 보관하고 썩히느니 활용하자는 거지. 그리고 혹시라도 금을 찾아가겠다는 이가 있어도 이미 맡겨진 금이 엄청 많으니까 그 중에서 일부를 내주면 되는 거지. 아!!!

이렇게 해서 금 보관소에서는 금을 빌려주게 된다. 물론 이자도 받는다. 그런데 여기서 또 희한한 일이 발생한다. 아까 빌려준 그 금 말이다. 그 금을 다른 금 보관소에 맡기면 또다시 금 보관증을 발행해 준다. 그리고 그 다른 금 보관소는 또다시 그 금을 빌려준다. 그러면 그 금은 또 다른 금 보관소로 가고 또 금 보관증을 발행해 준다. 이건 뭔가?

2017년 6월 현재 금 1kg은 4천5백만원 정도다. 그런데 이 금

1kg이 4억5천만원의 금 보관증 유통을 만들어 낸다. 아니 거의 무한대로 만들어 낸다. 이것은 최초의 금 보관소가 그 금을 빌려 주었기 때문이고, 금 보관증을 사람들이 가치가 있는 것으로 믿기 시작했기 때문이다. 지금은 금 보관증이 체계화되어 1만원, 1달러 식으로 정확하게 표기가 되는 시대가 되었다.

이 희한한 현상은 이 정도에서 각설하기로 한다.

은행의 탄생

이제 금 보관소는 은행이 된다. 은행은 비밀을 알게 된다. 금이 실제로 있든지 없든지 금 보관증을 맘껏 찍어내도 된다는 비밀 말이다. 사람들은 그 금 보관증을 돈으로 믿고 사용하게 된다(뭐 이게 실제로 돈이다). 우리가 돈으로 믿는 지폐가 애초에 금 보관증이라는 사실은 세월이 지나면서 까맣게 잊게 되었다. 이제 금은 없고 지폐가 위력을 발휘하는 시대가 와 버렸다.

결국 앞에서 말한 리먼브라더스 사태 때의 양적 완화, 즉 돈을 맘대로 찍어내는 상황에까지 이른 것이다. 이건 뭔가 이상해도 한참 이상하게 되어 버렸다. 금 본위제, 즉 금과 1:1 대응해서 금 보관증을 발행하던 근본 개념이 세월이 흐르면서 금은 있는지 없는지도 모르고, 그냥 지폐를 믿게 된 것이다. 굳게 굳게 굳게.

즉, 돈은 믿음인 것이다!!!

4_
돈 = 숫자

자, 이제 가상화폐로 돌아와 보자. 만약 돈이 믿음이라면, 금 보관증에 대응하는 금이 있는지 없는지도 모르는데 그저 믿고 거래하면 돈이 되는 것이라면, 가상화폐인들 어찌 돈이 되지 않으리. 믿으면 돈이 되는 것이니 말이다.

그리고 그 믿음의 크기가 돈의 가치가 되는 것이다. 달러가 가장 비싼 이유, 위안화가 점점 비싸지는 이유, 원화가 달러화보다 싼 이유, 이 모든 것이 바로 믿음의 크기로 설명된다. 자, 비트코인은 어떻게 될까? 'Big Picture 1'에서 말한 것처럼 비트코인에 대한 믿음은 점점 커질 것이고, 비트코인의 가치 또한 그 믿음의 크기만큼 점점 커질 것이다.

자, 조금 더 나아가 보자.

이제는 신용카드라는 것이 나왔다. 우리 지갑에는 이제 지폐는 극히 소량만 들어 있을 뿐 대부분의 결제는 카드로 이루어진다. 그리고 결제가 이루어지면 인터넷을 타고 거래 내역이 은행이나 카드회사로 날아가며, 그것은 숫자로 바뀌어 기록된다. 이미 지폐의 흐름은 없다. 우리는 돈을 결제했다고 생각하지만 실제로는 인터넷 상에서의 데이터의 이동이 있었을 뿐이고, 은행과 카드사의 컴퓨터 어딘가에 숫자로 기록될 뿐이다.

지폐의 용도는 점점 줄어들고 있다. 이제 편의점에서 천원짜리 음료를 사도 카드로 결제하는 것이 자연스러워졌다(기억하는가? 처음에 카드가 나왔을 때만 해도, 몇천원을 카드로 결제하려면 꽤나 눈치가 보였다). 점점 지폐 또한 그 설 자리를 잃어가고 있다.

어쩌면 우리 다음 세대는 지폐가 무엇인지 모를 수도 있다. 마치 우리가 금 본위제를 새까맣게 잊고 있는 것처럼 말이다. 우리 다음 세대는 돈은 그저 숫자에 불과한 것이라고 생각할지도 모른다. 아니, 확실히 그럴 것이다. 이것 또한 Big Picture의 일부이다.

자, 이제 때가 왔다. 과거 금 본위제에서 지폐가 탄생했듯이, 이제 지폐가 숫자화되는 시대가 왔다. 아니 이미 돈은 숫자다. 리먼브라더스 사태로 달러를 찍어냈다고? 정말 찍어냈을까? 아니면 컴퓨터 상의 숫자가 바뀌었을까? 자, 돈이 숫자에 불과하다면 굳이 돈을 찍어낸다는 개념이 필요할까? 아니 지폐를 쓰지도 않는데 무슨 돈을 찍어낸단 말인가? 그저 중앙은행 전산망에

있는 숫자를 바꿈으로서 돈이 발행되고, 거래은행에 있는 개인
계좌의 숫자가 바뀌면 돈이 늘어나고 줄어드는 것이다.

대출을 받으러 은행에 갔다고 치자.

"나는 숫자는 믿지 못하니, 5만원짜리 지폐로 1억원어치를 주
시오."라는 사람이 있을까? 우리는 그저 통장에 찍힌 혹은 인터
넷뱅킹에서 확인한 숫자를 믿는 것이다. 대출은 개인계좌의 숫
자의 변화로 이루어진다. 돈은 이제 숫자다!!!

5_
가상화폐의 탄생

자, 우리는 여기서 이런 질문을 가져야 한다.

'금은 사라지고 지폐가 남았다. 이제 지폐가 사라지고 숫자만 남을 것이다. 그렇다면 굳이 달러가 필요할까? 양적완화를 통해 개인이 가진 달러의 가치를 하락시켜 버리는 이런 불합리한 달러가 계속 존재해야 하는 것일까? 왜 컴퓨터 상의 숫자가 굳이 달러여야 하는 것이냔 말이다.'

이런 물음을 강하게 던진 것이 사토시였을 것이고, 그는 진정한 화폐혁명에 불을 지핀 것이다.

자, 다음 이슈로 넘어가 보자.

당신은 사물인터넷, IOT, 인공지능이라는 말을 들어보았을 것이다. 간단히 설명하자면 모든 사물에 인터넷 IP가 들어가는 시대, 사물이 지능화되는 시대. 이 시대는 반드시 도래한다. 이미 무인자동차가 나오고 있고, 우유가 떨어지면 센서(Sensor)가 작동해서 우유를 주문하는 냉장고가 출시되고 있다. 이것이 사물인터넷이고 인공지능이다.

그럼, 이 냉장고와 무인자동차들은 어떤 화폐를 사용하게 될까? 달러? 아니다!!! 이것들이 사용하게 될 화폐가 바로 가상화폐다. 비트코인이다. 아니, 비트코인은 아니다. 이따 다시 설명하겠지만, 이더리움이 될 것이다. 즉, 사물 인공지능들이 쓰게 될 물물교환수단의 매개체, 가치지불수단은 바로 이더리움이 되는 것이다.

자, 좀 더 나아가 보자.

현재 인간은 숫자화된 달러(한국인은 원화)를 쓴다. 그리고 달러를 기반으로 한 결제카드를 쓴다. 인공지능은 숫자화된 가상화폐를 쓴다. 그리고 일부 인간 또한 가상화폐를 쓰기 시작한다. 가상화폐 기반의 결제카드도 상용화되기 시작한다. 비트코인 카드는 이미 사용중이다.

이렇게 한동안은 인간 대부분은 달러를 쓰고 인간 일부는 가상화폐를 쓰고 인공지능 또한 가상화폐를 쓰게 될 것이다. 그러다 가상화폐를 쓰는 인간이 점점 늘어나고, 인공지능의 숫자 또한 늘어나게 된다. 자, 모든 사물의 숫자는 모든 인간의 숫자보다 절대적으로 많다. 그러므로 시간이 지나면서 달러보다는 가상화폐의 쓰임새가 압도적으로 늘어나게 된다.

그리고 인간과 인공지능의 거래도 생겨나게 될 것이다. 예를 들면 인공지능을 가진 섹스전용 로봇을 이용한 대가는 분명 달러가 아닌 가상화폐를 지불하게 될 것이다. 특정 수술을 담당하는 인공지능 의사, 인공지능 회계사, 인공지능 상담사 등 다양한 인공지능들이 활동하게 될 것이며 이들은 가상화폐를 요구할 것이다.

결국 시간이 지나면서 달러는 설 자리를 잃게 된다. 지구상의 모든 인간과 지구상의 모든 인공지능이 가상화폐를 사용하게 될 것이다. 그리고 그 중심에 있는 가상화폐가 바로 이더리움이 될 것이다.

이것이 가상화폐, 특히 이더리움을 둘러싼 두 번째 Big Picture 다.

자, 나는 두 개의 장에 걸쳐 큰 그림에 대해 이야기했다. 이것을 확실히 이해해야 한다. 그리고 이 큰 그림에 대한 확신이 있어야 한다. 그러한 확신이 있어야 뉴스에서 방송에서 말하는 부정적인 내용과 각종 음해성 루머에 휘둘리지 않게 된다. 잔 파도에 휩쓸리지 않고 오히려 잔 파도를 즐기게 되는 것이다.

6_
Big Picture 1, 2 정리

안다 → 믿는다 → 산다

인간과 인공지능의 공통 결제수단 = 가상화폐(이더리움)

제3장

가상화폐 획득방식

BITCOIN

ETHEREUM

1_
거래소를 통한 가상화폐 획득

기존의 화폐시스템 그리고 주식거래 등에 익숙한 사람들은 가상화폐도 이러한 방식으로 접근하려 한다. 즉 주식거래하는 것처럼 거래소 같은 곳에서 가상화폐를 돈 주고 사는 것으로 생각한다. 물론 그런 방법도 있다. 그러나 가상화폐는 다소 다른 관점으로 접근할 필요가 있다.

가상화폐 획득방식에는 크게 2가지가 있다. 첫 번째는 거래소에서 거래를 통해 가상화폐를 매수하는 것이다. 일반적으로 주식거래를 하는 방식과 비슷하다. 물론 완전히 같지는 않다. 다소 다른 측면도 있고 주의해야 할 측면도 있다. 그 부분은 다른 장에서 다루기로 한다. 두 번째는 내가 직접 가상화폐를 만들어 내는 방법이다. 이것을 채굴(mining)이라 한다.

우리는 주식시장과 비슷한 가상화폐 거래소를 통해 가상화폐를 매수하는 것은 금방 이해할 수 있을 것이다. 그러니 제3장에서는 채굴에 대해 본격적으로 설명드리겠다. 당신이 지금까지 봐 왔던 방송, 신문 그 어디에서도 채굴에 대해 구체적으로 설명을 듣지는 못했을 것이다. 채굴에 대해서도 역시 그 배경부터 좀 이해할 필요가 있다. 자, 그 배경부터 천천히 한 번 알아보자.

기존의 화폐시스템은 화폐 발행주체가 정해져 있다. 대한민국은 한국은행이 화폐를 발행한다. 우리가 그 화폐를 갖기 위해서는 뭔가 대가를 지불해야 한다. 노동을 하거나 상품을 팔거나 하면 그 대가로 우리는 화폐를 지급받는다. 자, 한국은행은 화폐를 발행하는데 그럼 우리는 화폐를 발행하면 안되나? 이런 생각 해 본 적 있는가? 큰일 날 일이다. 우리가 화폐를 발행한다는 생각 자체가 이미 불법의 씨앗이다. 화폐를 위조하는 것은 국가의 기반을 흔드는 심각한 범죄행위다. 기존의 화폐시스템에서 개인이 화폐를 발행하는 것은 꿈도 꾸어서는 안 되는 일인 것이다.

자, 우리가 조금은 익숙한 주식으로 넘어 와 보자. 주식은 좀 다르다. 주식은 개인이 발행할 수 있다. 누구나 주식회사를 만들면 이미 주식을 발행한 것이다. 게다가 그 회사를 잘 성장시켜서 상장하면 그 주식의 가치는 엄청나게 커질 수도 있다. 주당 5천원하는 삼성전자의 주식이 2백만원을 넘어가는 것처럼 말이다. 즉, 주식은 개인이 발행할 수 있다. 그리고 그 회사의 가치를 믿는 사람들에게 그 주식을 팔 수도 있다. 그 회사의 주식의 가치는 그 회사를 믿는 믿음의 크기에 비례한다. 물론 일반인 모두가 주식을 발행하지는 않는다. 주식시장에 참여하는 대부분은 그저 누군가 발행한 주식을 거래할 뿐이다.

자, 이제 가상화폐 시스템으로 와 보자. 기존의 화폐는 일반적으로 화폐 자체가 거래되지는 않는다. (물론 외환시장 등은 예외다. 일반적으로 일반인은 외환거래 등을 하지 않는다.) 대한민국 내에서의 화폐는 그야말로 교환수단이고 가치의 기준이므로 가치의 기준 자체를 거래하지는 않는다. 그런데 가상화폐는 화폐로 불리지만 주식처럼 거래를 한다. 가상화폐 거래소가 존재한다. 아마도 비트코인을 처음 접하는 사람들은 가상화폐 거래소를 통해 비트코인을 구매하게 될 것이다.

가상화폐는 화폐와 주식의 특징 중 일부를 가지고 있다. 즉, 화폐로서의 기능을 할 수 있을 뿐만 아니라, 거래도 되고 또한 주식처럼 발행을 할 수도 있다. 일반인은 아직 이것을 잘 모른다. 소위 비트코인 전문가라고 하는 사람들도 가상화폐 발행 시스템에 대해서는 이해하지 못하고 있는 경우가 대부분이다(우리의 뇌는 아마도 화폐발행 시스템에 대해 이해할 수 없도록 끊임없이 교육받아 왔나 보다).

2_
채굴을 통한 가상화폐 획득

다시, 금이 교환의 매개체로 쓰이던 때로 돌아가 보자. 금은 최초에 어디서 나왔나? 그렇다. 광산에서 나왔다. 그리고 누군 가가 광산에서 캔 금을 일반인들은 사용한다. 즉, 대부분의 일반 인들은 금을 캐지는 않는다. 특정 부류의 사업가들만 금을 캐는 것이다.

그러나 가상화폐는 다르다. 누구라도 가상화폐를 캘 수 있다. 금을 캐는 것은 매우 어렵다. 엄청난 돈이 필요하고 위험도 많이 감수해야 한다. 그러나 가상화폐를 캐는 것은 그렇게 어렵지 않 다. 다만 일반인들이 그 방법을 모르기에 아직 접근하지 못하고 있을 뿐이다. 일반인들은 그저 누군가가 캔 가상화폐를 비싼 가 격에 살 줄만 안다. 그러나 기억하라. 누군가는 싼 비용으로 가 상화폐를 캐서 비싸게 당신에게 팔고 있다는 것을.

자, 지금부터 가상화폐를 캐는 것, 영어로는 마이닝(mining) 한국어로는 채굴에 대해서 알아보자.

인터넷 검색을 통해 '가상화폐 채굴기' 하면 많은 글들을 볼 수 있다. 이더리움이 점점 핫해지면서 이더리움을 많이 캐니 '이더리움 채굴기'로 검색하는 것이 한결 수월할 것이다.

채굴기는 옥션 등에서도 팔고 있다. 개인적으로 조립해서 파는 이들도 있고 함께 채굴장을 운영해 보자는 제안도 많이 있고 혹은 채굴을 대행해 준다느니 중고채굴기를 판다느니 하는 다양한 글들을 보게 될 것이다.

당신이 채굴에 관심을 가지게 되는 순간, 어쩌면 정보의 홍수 속에서 헤매다 결정적으로 오판을 하게 될지도 모른다. 중요한 건 정보를 많이 아는 것이 아니라, 이 정보를 당신의 수익으로 연결시키는 능력이다. 지금부터 당신에게 그 능력을 심어줄 것이다. 당신도 금광업자가 될 수 있다. 가상화폐를 싸게 캐서 비싸게 팔게 될 것이다. 당신이 이 가상화폐 채굴의 수익성을 안다면, 어쩌면 모든 생업을 뿌리치고 이 일을 시작하게 될지도 모른다. (제발 그러지는 마시길 바란다. 모든 일에는 리스크가 있으니…….)

자, 먼저 가상화폐 채굴이 무엇이냐를 설명하겠다. 가상화폐 채굴이란 고성능컴퓨터를 사용하여 특정 가상화폐에 대응하는 아주 복잡한 연산문제 혹은 암호를 해독하는데 그것을 해독하게 되면 새로운 가상화폐가 만들어지고 그것이 당신의 소유가 되는 것이다. (블록이니 뭐니 하는 어려운 용어는 당신에게 별로 도움이 되지 않을 것이다. 따라서 매우 쉽게 설명 하고자 한다.)

즉, 비트코인을 예로 들면 비트코인 채굴기로 연산문제를 풀면, 비트코인 1개가 주어지는 식이다.

'어? 그래? 그럼 고성능컴퓨터를 사서 돌리면 되는 건가? 얼마데? 얼마나 캐는데? 어디서 파는데? 그거 나도 할 수 있는 건가? 수익성은?' 등 많은 궁금증이 들 것이다. 자, 지금부터 하나하나 차근차근 설명해 드리겠다.

3_
가상화폐 채굴 시 고려사항

자, 만약 당신이 채굴에 조금이라도 관심이 있다면 먼저 당신이 절대 해서는 안 되는 것부터 말씀드리는 것이 좋겠다. 당신이 절대 해서는 안 될 첫 번째는 바로 개인적으로 채굴을 하는 것이다. 즉, 채굴기를 사서 당신의 안방에 혹은 거실에 혹은 집무실에 두는 것이다. 포항공대 컴퓨터공학과를 졸업한 나도 감히 그런 생각을 하지 않는다. 물론 과거 2014년에 비트코인을 직접 채굴해 보려는 생각을 한 적이 있었다. 그러나 그 당시에도 '절대 해서는 안 될 일'로 결론을 내렸다.

왜냐하면 나는 채굴기의 하드웨어도 모르고 채굴기의 OS(운영체제)도 모르고 따라서 채굴기가 고장났을 때 어떻게 대처해야 하는지도 모른다. 채굴기는 24시간 돌아가야 가상화폐를 많이 채굴할 텐데, 채굴기가 멈춰 버리는 순간 광산은 작동하지 않고 공장은 문을 닫는 꼴이 되어 버리는 것이다. 개인은 이 기계

오작동 또는 고장의 위험성을 관리할 수 없다.

그리고 전기세 또한 무시하지 못한다. 소음도 크다. 냉난방시스템도 갖춰야 한다. 청결해야 한다. 이 모든 조건을 갖출 자신이 없다. 만약 당신이 정말 위험을 감수하는 성격이고 시간이 펑펑 남아 돌고 또한 채굴기 한 대 정도 값은 그냥 껌값이라고 생각하는 여유를 가진 사람이라면 과감하게 개인 채굴을 시도해 보라.

엉뚱한 방면으로 행동력이 탁월한 당신이 얻을 가상화폐의 수량은 당신의 기대치에 훨씬 미치지 못할 것이다. 그 모든 위험과 수고를 감수한 대가 치고는 하찮을 것이다. 자, 인터넷 쇼핑몰 같은 곳에 들어가 보라. 채굴기 중고를 판다는 글이 올라와 있을 것이다. 왜 팔까? 잘 돌아가는 채굴기를 왜 파느냔 말이다. 이따 설명드리겠지만 제대로 채굴을 하게 되면 엄청난 수익이 발생한다. 절대 안 판다. 채굴기 중고가 나오는 이유는 개인이 관리하다 두 손 두 발 다 들었다는 거다. 개인 채굴을 할 바에야 차라리 가상화폐의 가격하락을 감수하고서라도 가상화폐 거래를 하는 편이 낫다.

혹자는 몇몇이서 연합해서 채굴기 공장을 하나 차리자고 한다. 이것도 비추다. 위와 똑같은 문제다. 정말 컴퓨터 전문가가 있어서 24시간 그 공장을 관리할 수 있다면 그리고 고장난 채굴기를 즉시 조치할 수 있다면 뭐 해 볼 만은 하다. 그러나 내가 컴퓨터 전문가라면 그렇게 하지는 않는다. 돈을 벌지언정 황금 같은 내 시간을 채굴기 공장에서 보내야 하다니~~~ 오 마이 갓!!!

4

가장 효과적인 가상화폐 채굴법

이제 몇 가지 대안이 남았다. 사실 내가 채굴을 시작하기 전 검토한 대안은 위의 두 가지 이외에도 많다. 그러나 나의 결론은 이렇다.

'나는 내가 잘 하는 것을 하고 내가 잘 모르는 분야는 전문가에게 맡기고 대가를 지불하는 것이 낫다.'

결국 나의 판단은 옳았고, 수많은 검색을 통해 선택한 채굴회사는 나의 믿음에 보답해 주었다. 그 어떤 채굴회사보다 많은 수량의 이더리움을 매일매일 내게 선물해 주었고, 나는 채 몇 달이 되지 않아 원금을 회수하는 기쁨을 맛보게 되었다. 가만히 앉아서 말이다.

채굴기는 지금도 여전히 잘 돌아간다. 고장이 나는지 안 나는지 내가 신경 쓸 일이 없다. 전기세가 얼마 나가는지도 나는 신경 쓸 일이 없다. 나는 그저 매일 채굴되는 이더리움을 내 계좌로 받을 뿐이다. 엄청난 수익률로 말이다.

그렇게 3대로 시작한 내 채굴기는 지금은 복리로 불어나듯이 불어나서 84대가 되었다. 현재 이 채굴기 84대는 대당 매월 3개의 이더리움을 내게 선물한다. 이 책이 나올 즈음에 이더리움이 얼마나 갈지, 또 나의 광산업(^^) 수익이 얼마나 될지, 나 또한 기대된다.

자, 여기까지 읽으신 후 이런 생각이 드시는 분이 있을지 모르겠다.

'그래? 채굴은 채굴회사에게 맡기고 나는 채굴기 값을 지불하면 그 채굴회사가 채굴을 해서 매일매일 내 계좌로 보내준단 말이지? 그런데 말이야, 지금 이더리움이 오르고 있단 말이지. 연말에 한 백만원은 넘을 것 같은데, 그럼 그냥 이더리움을 사야지 채굴을 하면 되겠어? 채굴하는 동안에 이더리움은 백만원이 되어 버릴 텐데. 그냥 이더리움을 사야겠어.'

만약 이런 생각이 드신다면, "수익성 비교 : 거래 vs 채굴" 장을 읽어보기 바란다. 판단에 도움이 될 것이다.

당신이 채굴에 관심을 가져야 하는 이유는 또 있다. 2017년 1월에 1만원하던 이더리움이 6월 현재 30만원한다는 것은, 연말에 100만원이 될 수도 있지만 연말에 5만원이 될 수도 있다는 뜻이다. (설마 1만원이 되기야 하겠냐마는^^) 그럴 때도 이더리움을 사는 것이 좋을까? 명백히 아니다! 채굴은 바로 이런 경우의 위험까지도 관리해주는 훌륭한 가상화폐 투자전략이다.

만약 당신이 이 책을 읽고, "그래, 나도 채굴하자."라는 생각이 들었고 나처럼 인터넷을 열심히 뒤적거린다면, 수많은 정보의 홍수 속에서 판단력을 잃고 헤매게 될 것이다. 인터넷을 너무 믿지 마라. 그곳에는 가짜가 마치 진짜인 것처럼 교묘하게 포장되어 있고, 진짜를 음해하는 글들도 많다. 만약 당신이 나처럼 '촉'을 갖고 있다면 그 와중에서도 진짜를 선별해 낼 것이다. 그럴 자신이 없다면 나에게 메일을 보내도 좋다. binhw@daum.net 이다. 혹시 이 책이 나온 후에 무척 바빠져서 메일 하나하나에 답변을 못하는 일이 발생할 수도 있을 것이다. (개인적으로 그렇게 되었으면 참 좋겠다.^^) 그럴 때는 '가상화폐 실전투자전략— 가상화폐로 지속적인 수익 올리기' 특강에 참여하면 좋겠다.

제4장

가상화폐 투자절차

BITCOIN

ETHEREUM

이번 장에서는 가상화폐 거래에 대해 알아보자. 반드시 알고 넘어가야 할 부분이므로, 구체적인 절차와 주의 사항 등에 대해 상세히 기술하고자 한다. 만약 당신이 이 장을 잘 읽고 찬찬히 따라 한다면, 시행착오를 줄일 수 있을 것이다. 먼저 한국의 대표적인 가상화폐 거래소는 빗썸, 코빗, 코인원이 있다. 대체로 비슷비슷하므로 내가 애용하는 코빗 위주로 설명하고자 한다. 주식을 해 본 분이라면 아시겠으나, 가상화폐는 주식과는 다소 상이한 부분도 있으므로 미리 그 부분을 숙지하고 이용하면 좋을 것이다.

1. 먼저 코빗으로 들어간다.

https://www.korbit.co.kr/

2. 회원가입을 한다.

반드시 OTP나 문자인증 등으로 이중보안을 하기를 권한다. 뉴스 등을 보면 가상화폐를 해킹 당했다는 기사를 간간이 보게 된다. 물론 초창기에는 가상화폐 자체의 취약성으로 인해 해킹이 발생되고는 했다. 이더리움에도 그러한 일이 발생했고, 그 결과로 탄생한 것이 이더리움클래식이다. 그러나 지금은 가상화폐 자체의 취약성으로 인한 해킹은 염려하지 않아도 된다. 다만 아이디, 이메일, 문자, OTP 등을 통해 2중 3중으로 보안을 강화하고, 다소 불편하더라도 기본적인 보안지침을 잘 따를 필요는 있다.

특히 OTP 또는 문자인증은 반드시 하기를 권한다.

아래는 로그인할 때부터 문자인증을 하도록 셋팅했을 때의 화면이다. 아이디(이메일 주소)와 패스워드를 치고 들어가면, 다음과 같이 Google OTP 또는 문자인증을 하라는 화면이 나온다. 만약 이 화면이 나오지 않는다면, 개인설정 셋팅 화면으로 가서 반드시 로그인 시 이중인증을 하도록 셋팅하기를 권고한다.

인증 번호를 입력해주세요.

인증 번호 받기:

Google OTP | 문자인증 | 전화인증

인증 번호 입력:

문자인증 번호, 전화인증 번호 또는 Google OTP 를 사용할 수 있습니다.
이중 인증 시도를 5회 실패할 경우 이중 인증을 사용할 수 없습니다.

로그인

지금 현재 대부분의 한국 가상화폐에서 공식적으로 거래하는 가상화폐는 비트코인(BTC), 이더리움(ETH), 이더리움클래식(ETC), 리플코인(XRP) 이 4가지다. 빗썸은 라이트코인(LTC)를 거래하는 것 같긴 하다. LTC는 내 관심 밖이므로 여기서는 다루지 않는다.

'기타 디지털 자산'으로 가면 위 4가지 이외의 가상화폐도 거래할 수 있는데, 아직 코빗 등에 상장하지 않은 가상화폐를 거래하는 방법을 제공한다. 방식은 매도 매수 주문을 넣으면, 코빗의 시스템이 폴로닉스(Poloniex)에 접근하여 거래를 해주는 방식인데, 수수료가 매우 비싸고 매도호가와 매수호가의 차이가 보통 3% 정도 나므로 특정 가상화폐에 대한 확신이 없다면 거래는 비추다.

내 의견을 드리자면 이더리움 하나만으로도 충분히 전망이 있고 은행예금보다 훨씬 더 큰 수익을 줄 터인데, 굳이 더 큰 위험과 더 큰 수수료와 더 큰 불편함을 감수하고 이더리움 이외의 알트코인을 손댈 이유가 없다는 것이다. 물론 내가 아는 정보 이상의 초특급 정보를 알고 있다면 그건 완전히 별개 문제지만. 그렇지만 내가 프롤로그에 쓴 '잭팟코인' 일화를 잘 읽어 보기 바란다. 욕심에 눈이 멀어 잘 알려지지 않는 가상화폐에 투자하다

가는 나처럼 잭팟이 아닌 쪽박이 될 수도 있으니.

앞 페이지 화면은 코빗의 가상화폐 트레이딩 장면이다. 주식 화면과 흡사하다. 매수량을 넣고 주문가를 쓰면 예상지출액이 나온다. 매수를 누르면 바로 매수주문이 들어간다. 매도 또한 마찬가지다. 사실 이 이상 자세하게 설명하는 것은 이 책의 취지를 벗어나므로 나머지는 일단 들어가셔서 소액으로 이것저것 해보며 익숙해지면 될 것이라 본다.

지금부터는 가상화폐에만 있는 특이한 개념 등 특이사항에 대해서 다루고자 한다.

지갑간 이동

본인 계정의 코빗 지갑내에서 자산이 이동합니다.

통화
KRW ▼

출금 지갑 선택
BTC/KRW 거래 지갑: 0 KRW ▼

입금 지갑 선택
ETH/KRW 거래 지갑: 0 KRW ▼

출금가능액: 0 KRW

금액을 입력하세요 KRW   최대금액선택

닫기   이동하기

원화, 비트코인, 이더리움 등을 거래하거나 입출금할 때는 반드시 그 용도에 맞는 지갑으로 이동한 후에 거래해야 한다. 처음 가상화폐 거래소를 이용하는 분들은 이 부분에서 다소 헷갈려하

고 당황하기도 한다. '어? 내 이더리움이 어디 갔지?' 라고 할지
도 모른다. 이것 역시 몇 번 해 보시면 개념이 이해될 것이다. 지
갑 내 이동에는 따로 비용이 발생하지 않으므로, 역시 소액으로
이것저것 해 보시기를 권한다. 나도 처음에는 많이 헷갈렸다. ^^

각 용도에 맞는 지갑이 존재한다. 가상화폐 거래를 하기 위해
서는 이 지갑 개념을 잘 이해해야 한다. 각 지갑으로는 원화를
비롯한 각 가상화폐를 옮길 수 있다. (참고로 빗썸, 코빗, 코인원
모두 지갑의 개념 및 운영에 다소 차이가 있으니, 본인이 거래하
는 거래소의 지침을 잘 이해하고 사용하면 좋겠다.)

항목을 자세히 설명해 보자면,

통화 : 옮기고자 하는 통화를 지정한다

KRW : 원화

BTC : 비트코인

ETH : 이더리움

ETC : 이더리움클래식

XRP : 리플코인

출금지갑선택(입금지갑선택) : 무엇을 어디로 옮길 것이냐를 지정한다.

BTC/KRW 거래지갑 : 원화로 비트코인을 거래할 때 사용하는 지갑

ETH/KRW 거래지갑 : 원화로 이더리움을 거래할 때 사용하는 지갑

ETC/KRW 거래지갑 : 원화로 이더리움클래식을 거래할 때 사용하는 지갑

XRP/KRW 거래지갑 : 원화로 리플코인을 거래할 때 사용하는 지갑

KRW 멀티트레이딩지갑 : 원화로 그 외의 알트코인을 거래할 때 사용하는 지갑

그 외 입출금을 할 때는, 입출금 지갑으로 옮겨서 거래를 해야 한다.

BTC 입출금 지갑 / ETH 입출금 지갑 / ETC 입출금 지갑 / XRP 입출금 지갑

지갑의 개념이 다소 이해하기 어려울 수도 있다. 그리고 빗썸, 코빗, 코인원 등 각 거래소에 따라 지갑의 개념이 다소 상이할 수도 있다. 위의 예는 코빗의 경우다. 내가 코빗을 예를 든 이유 는, 코빗이 다소 까다롭고 융통성이 떨어지기는 하나 코빗에 익 숙해지면 위와 같은 다양한 개념에 익숙해지기 쉽고, 타 거래소 에도 쉽게 적응할 수 있기 때문이다.

다음으로는 거래수수료에 대해 알아보자.

코빗 수수료 할인 정책

최근 30일 간 거래 금액	Maker Fee	Taker Fee
50,000,000 KRW 이하	0.1 %	0.2 %
50,000,000 KRW 이상 100,000,000 KRW 이하	0.08 %	0.2 %
100,000,000 KRW 이상 200,000,000 KRW 이하	0.05 %	0.2 %
200,000,000 KRW 이상 500,000,000 KRW 이하	0.03 %	0.2 %
500,000,000 KRW 이상 2,000,000,000 KRW 이하	0.0 %	0.2 %
2,000,000,000 KRW 이상 10,000,000,000 KRW 이하	0.0 %	0.15 %
10,000,000,000 KRW 이상 20,000,000,000 KRW 이하	0.0 %	0.1 %
20,000,000,000 KRW 이상 40,000,000,000 KRW 이하	0.0 %	0.05 %
40,000,000,000 KRW 이상	0.0 %	0.0 %

코빗은 최근 30일간 거래 금액에 따라 수수료를 차등화하고 있다. 위 표를 참고하면 된다. 물론 이 또한 거래소마다 정책이 다르다.

여기서 Maker Fee란 보통 지정가 주문 시의 수수료를 말한다. 지정가 주문은 현재 즉시 체결되지는 않으나 가격을 정해서 주문을 올려 놓는 것을 말한다. 즉, 현재 매도 최저가가 31만원인데 32만원으로 매도를 걸면 즉시 주문이 체결되지는 않는다. 역시 현재 매수 최고가가 29만원인데 28만원으로 매수를 걸면 즉시 주문이 체결되지는 않는다. 이런 주문을 할 때의 거래수수료를 Maker Fee라고 한다.

여기서 Taker Fee란 보통 시장가 주문 시의 수수료를 말한다. 시장가 주문은, 주문 즉시 체결되는 주문을 말한다. 즉, 현재 매수 최고가가 29만원인데 매도를 29만원으로 하면 즉시 거래가 체결된다. 또한 현재 매도 최저가가 31만원인데 매수를 31만원으로 하면 즉시 거래가 체결된다. 이처럼 주문 즉시 체결될 때의 거래수수료를 Taker Fee라고 한다.

가상화폐는 입금 및 출금에도 제한이 있다. 특히 이 부분을 잘 이해해야 곤란에 처하지 않을 수 있다. 급전이 필요한데 출금이 되지 않을 수도 있고, 가상화폐를 누군가에게 보내야 하는데 며칠 동안 거래소에서 묶어 버리는 수도 있다. 이것을 '출금 제한 정책'이라고 한다. 아래는 코빗의 입출금 정책에 대한 설명이다.

KRW 입금 전, 출금 제한 정책을 꼭 알아두세요!

KRW를 처음 입금하거나, 이전과 다른 방법으로 입금하면 출금 제한이 적용됩니다.(트레이딩은 가능)

❶ KRW 출금 제한
48시간 동안(주말제외, 영업일 기준) KRW 출금은 100만 원으로 제한됩니다.

❶ 가상화폐 출금 및 글로벌 송금 제한
72시간 동안(주말제외, 영업일 기준) 가상화폐의 출금이 전면 제한됩니다.

아래의 경우, 출금 제한이 적용됩니다.

1. 첫 KRW 입금 시
2. 이전과 다른 수단으로 입금 시 (예: ATM, 인터넷 뱅킹, 모바일 앱 뱅킹, 토스, 텔레뱅킹 등)
3. 이전과 다른 ATM 지점에서 입금 시
4. 타 은행 계좌에서 입금 시
→ 등록하신 본인 명의의 은행 계좌에서, 항상 동일한 방법으로 KRW를 입금해주세요.

* 예외의 경우: 이전과 같은 경로로 입금하더라도, 은행 자체 내에서 브랜치 코드 변경 시 출금이 제한될 수 있습니다.
* 송금 앱을 통한 입금 시, 출금 제한 해지를 요구하시는 경우 코빗에서 이체 확인을 요청할 수 있습니다.

코빗으로 첫 입금을 했을 때는 48시간 동안 출금이 100만원으로 제한된다. 이것은 첫 입금에만 적용되는 규정이다. 입금했다가 바로 출금하는 경우는 거의 없을 텐데, 만약 그런 일이 일어난다면 다른 의도가 있다고 보고 48시간의 제약을 두는 것으로 보인다.

또한 첫 입금을 했을 때는 72시간 동안 가상화폐 출금 및 해외 송금이 제한된다. 가상화폐를 이용한 부정적인 거래 등을 막기 위한 조치로 보인다. 불편하지만 잘 숙지하면 불편을 사전에 방지할 수 있을 것이다.

추가적인 출금 제한도 있다. 입금 방식이 달라질 때 역시 48시간 또는 72시간 동안 출금 제한이 걸린다. 따라서 가능하면 '코빗에 등록된 본인 명의의 은행 계좌에서, 항상 동일한 방법으로 입금' 해야 출금 제한에 걸리지 않는다. 이 점을 모르면 다소 불편해질 수 있으니 숙지할 필요가 있다.

그리고 아래 화면은 외부에서 이더리움을 보낼 때의 나의 이더리움 지갑 주소이다. 이처럼 가상화폐 거래소에 회원 가입을 하면 거래소 내에 개인 지갑을 할당받는다. 채굴기를 통해 채굴한 이더리움을 코빗의 지갑으로 보내고, 매도를 하면 바로 원화로 환전하게 되는 것이다. 매도한 원화는 'ETH/KRW 거래지갑' 으로 들어간다.

회원님의 계정으로 이더리움 클래식을 입금할 때 쓰이는 주소 입니다. 블록체인상에서 100 승인 이후 **ETC 입출금 지갑**에 반영 됩니다. 지갑간 이동을 **통하여** 입금받으신 이더리움 클래식을 **ETC 거래지갑 혹은 ETC/BTC 지갑** 으로 이동 하실 수 있습니다.

Smart contracts와 Wallet contracts 방식의 ETC 입금금은 지원하지 않습니다. 위의 경우 ETC 지갑사용이 제한되며, 코빗에서 책임을 지지 않습니다. ETC 입출금 전 확인해주세요.

ETC 받기

나의 ETC 수령 주소
0xC96571ba7452a47912179c177439050af109D
97c

복사

코빗에서 이더리움을 매도했다면 이제 원화로 환전이 이루어진 것이다. 이제는 시중 은행 계좌로 이체를 할 수가 있다. 원화로 환급한다는 것이 바로 내 은행 계좌로 이체한다는 뜻이다.

Korbit에 충전된 KRW포인트를 회원님의 은행계좌에 원화로 환급 받을 수 있습니다.
BTC/KRW 거래 지갑의 KRW만 환급이 가능합니다.
ETH/KRW, ETC/KRW, XRP/KRW 거래 지갑의 KRW 환급을 원할 시, BTC/KRW 거래 지갑으로 자산을 이동한 후 환급을 요청해주세요.

지갑간 자산이동→

출금은 본인 명의의 계좌로만 가능합니다.
가상계좌 등 본인명의가 아닌 은행계좌로 등록한 경우 이용이 정지될 수 있습니다.

- 환급 수수료: 1,000 원
- 환급 최소 금액: 2,000 원
- **환급 최대 금액 (1일 기준): 30,000,000 원 (회원등급: 4)**
- 환급 시각: 신청 후 약 20분 이내에 계좌이체
    - 단, 서버 작업이 진행중일 때에는 반영이 지체될 수 있습니다.
    - 은행점검시간 동안에는 신청을 할 수 없습니다.
    - 전체 은행 공통 점검시간은 매일 23:30 ~ 01:00 이며, 은행별 정기 점검시간은 여기서 확인하실 수 있습니다.

환급가능액   0 원

1일 환급한도 여분액   30,000,000 원

환급액 [   ] 원

원화로 환전하려면, 먼저, 'ETH/KRW 거래지갑' 있는 원화를 'BTC/KRW 거래지갑' 으로 옮겨야 한다.

위에 보시다시피 출금은 반드시 본인 명의의 계좌로만 가능하다. 환급 수수료는 건당 1,000원이다. 일일 환급 최대 금액은 회원 등급에 따라 다르다. 참고로 4등급인 경우, 일일 환급 최대 금액은 3천만원이다. (코인원과 빗썸이 일일 환급 최대 금액이 다소 높으니, 만약 투자 금액이 크고 일일 환급 금액이 커질 수 있다면,

본인에게 맞는 거래소를 선택하면 된다.) 환급액을 넣고 확인을 누르면 이체가 시작되며, 약 20분 정도가 지나면 본인 은행계좌로 이체가 완료된다(실제로는 1분 안에 들어오는 경우도 있다).

이처럼 가상화폐 거래소에 있는 원화는 은행 계좌로 이체할 수 있다. 그리고 비트코인, 이더리움 등 가상화폐 또한 타인의 지갑으로 보낼 수 있다. 예를 들면 이더리움을 전송하려면 아래 화면의 '받는 곳'에 이더리움 지갑 주소를 넣고, 이더리움 수량을 넣으면 전송이 가능하다. 코빗 4등급 회원의 경우 하루 전송할 수 있는 이더리움은 1,500개이다. 송금 수수료는 송금 건당 0.01 이더리움이다.

저희 코빗은 ICO(Initial Coin Offerings) 및 스마트컨트랙트(Smart Contract)로 보내는 출금 건에 대한 어떠한 책임도 지지 않습니다. 오직 이더리움만 허용하는 주소로의 출금만을 허용하오니, 받는 지갑 주소를 확인 해 주시기 바랍니다.

보내는 지갑   ETH 입출금 지갑: 0 ETH   ▼   지갑간 이동
보유하신 ETH를 ETH 입출금 지갑으로 이동 후 출금이 가능합니다.

받는 곳   ETH 주소

송금액   ETH   ≈   KRW

ETH 총 잔고   0.0 ETH
ETH 전송 출금 가능액   0.0 ETH
1일 출금 여분액   1,500.0 ETH   (회원등급: 4)

메시지

국세청, 검찰, 금융감독원 등 공공기관을 사칭한 낯선사람의 전화를 받고 송금을 시도하고 계시진 않나요?

보이스피싱 등의 사기 피해가 많습니다. ETH 거래의 특성상 다른 주소로 ETH 출금 시 거래추적이 어렵습니다. 혹시 낯선사람의 전화를 받고 거래를 진행하려 하신다면 꼭 경찰청이나 금융감독원에 직접 확인하시길 권장 드립니다. 보이스피싱이나 사기로 인한 피해사례에 대해 코빗은 법적 책임을 지지 않습니다. 보안정책에 따라 의심되는 출금일 경우 일정 시간 출금이 지연 될 수 있습니다.

☐ 위 내용을 확인하였습니다.

회원정보의 '보안/알림' 메뉴로 가면 다음과 같은 정보가 보인다. 반드시 '로그인 시 이중 인증 요구'에 체크하기 바란다. 로그인할 때마다, OTP 또는 문자인증을 해야 하는 번거로움이 있지만 불편을 감수하는 대신 내 자산을 비교적 안전하게 보관할 수 있게 된다.

아래는 회원 등급에 따른 입출금 일일 한도 화면이다. 보통 가입 후 첫 거래가 이뤄지고 출금을 한두 번 해 보면 3단계 회원이 된다. 3단계 회원의 일일 출금 한도는 천만원이다. 4단계 회원은 3천만원. 그리고 5단계 회원이 되면 비교적 출금에 자유로우나,

심사를 거쳐야 한다.

빈현우 님의 회원등급은 **4 단계** 입니다.

5등급 상향을 위해 필요하신 출금한도를 info@korbit.co.kr로 요청하여 내부심사를 받으시기 바랍니다.
(5등급 신청조건 : 코빗거래소 가입 6개월이 지난 4등급 회원)

회원 등급별 입출금 일일 한도

등급 상향조건	0 회원가입	1 전화번호 인증	2 전화번호로 본인인증	3 주소 등록, 출금계좌 등록	4 원화 누적입출금 2,000만원 이후 14일 경과	5 개별 문의
KRW 입금한도	0	0	0	무제한	무제한	무제한
KRW 출금한도	0 KRW	0 KRW	0 KRW	10,000,000 KRW	30,000,000 KRW	심사 후 부여
BTC, ETH, ETC 입금한도	무제한	무제한	무제한	무제한	무제한	무제한
BTC 출금한도	0 BTC	1 BTC	1 BTC	1 BTC	40 BTC	심사 후 부여
ETH 출금한도	0 ETH	25 ETH	25 ETH	25 ETH	1,500 ETH	심사 후 부여
ETC 출금한도	0 ETC	0 ETC	150 ETC	300 ETC	5,000 ETC	심사 후 부여
XRP 출금한도	0 XRP	0 XRP	0 XRP	10,000 XRP	50,000 XRP	심사 후 부여
기타 자산 출금한도	0 KRW	0 KRW	0 KRW	2,000,000 KRW	15,000,000 KRW	심사 후 부여

　　이상으로 가상화폐 거래소를 이용하는 방법에 대해 설명해 드렸다. 컴퓨터에 익숙한 사람이거나 주식 트레이딩 시스템을 사용해 본 사람이라면 누구라도 쉽게 이해할 수 있을 것이다. 다만 컴퓨터에 익숙하지 않거나 주식 투자를 하더라도 트레이딩 시스템을 쓰지 않고 증권사 직원을 통해 전화로 주문 거래를 하시는 분들에게는 꽤 까다로운 작업일 수 있다. 왜냐하면 가상화폐 거래는 현재로서는 본인이 직접 컴퓨터를 조작해서 이루어지기 때문

이다.

　가끔 가다 "어이, 빈대표, 나도 이더리움 좀 사줘. 빈대표 강의 들으니 정말 좋은 것 같긴 한데. 내가 컴퓨터 들여다 볼 시간이 없어."라고 하시는 분이 있다. 그러나 나는 주식중개인도 아니고 여타 자격증 또한 없다. 그리고 내 아까운 시간을 내 돈 버는 데 쓰고 싶다. 그분을 위해 쓴 시간에 번 돈에 대한 수수료를 받을 마음 또한 없다. 다만 나는 이 책에 쓴 내용 혹은 이 책을 쓴 이후 가상화폐 시장의 변화에 대해 내가 알고 있는 내용을 강의를 통해 전달해 드릴 뿐.

제5장

수익성 비교 : 거래 vs 채굴

BITCOIN
ETHEREUM

자, 이제 가상화폐도 어느 정도 이해가 되었고 가상화폐 거래 시스템에 대해서도 알았고 채굴이 뭔지도 알게 되었다. 지금부터는 이더리움을 중심으로 거래와 채굴의 수익성 비교를 해 보자. 사실 이 장이 가상화폐 투자의 핵심이다. 보통 비트코인도 알고 이더리움도 알지만 개발자들은 기술에 대해서만 알고, 증권사 직원들은 그냥 트레이딩 관점으로만 이해한다. 나는 컴퓨터공학을 전공한 덕분에 기술, 거래, 채굴 모두를 이해하게 되었고 그 결과 거래 : 채굴의 적절한 조합을 통해 이더리움이 6만원에서 30만원으로 오르는 동안 최고의 수익을 올릴 수 있었고, 그 실전 경험으로 채굴 또한 더 잘 이해하게 되었다. 지금은 가상화폐 투자는 채굴이 궁극적인 답이라는 결론에 도달했다.

　주변에 블록체인을 안다는 지인이 있거나 금융업계에 종사하는 지인이 있다면 비트코인이 혹은 이더리움이 어떻게 만들어지는지, 누가 만들어 내는지 물어보라. 그들의 무지함을 알면 당신은 경악할 것이다. 채굴을 모르면 영원히 초보다. 채굴이야말로 기존 화폐시스템과 완전히 차별화된 가상화폐만의 특별한 개념이며, 개인이 채굴에 동참하는 것이야말로 진정한 화폐 민주주의의 혜택을 보는 길이다. ('화폐 민주주의'란 누구나 적절한 노력을 통해 화폐를 발행하는 것을 말한다.)

그야말로 로버트 기요사키의 말처럼 주식을 발행하는 주식발행기, 화폐를 발행하는 화폐발행기를 개인이 소유하는 것이다. 물론 그에 따르는 투자와 지식, 그리고 리스크관리 노력이 필요하다. 그렇게 본다면 이 책은 거의 천기누설을 하고 있는 셈이다. 자, 정신 바짝 차리고 A4지와 펜을 들고 아래 글을 읽어 나가기 바란다. 바로 돈이 보일 것이다.

총 투자금 36,000,000원으로 시작해 보자.

1_
거래수익률

총 투자금 36,000,000원으로 300,000원하는 이더리움을 120개 구매했다고 하자.

- 총 투자금 : 36,000,000원
- 2017년 6월 5일 이더리움 가격 : 300,000원
- 이더리움 구매 : 120개
  (원고를 쓰는 중 이더리움 가격이 올라 버려서, 기준을 몇 번이나 수정해야 했다. 그냥 현재가 자체는 판단에 영향을 미치지 않으니, 6월 5일 가격 30만원을 기준으로 한다.)

자, 이제 2년이 지났다. 당신은 2년 후의 이더리움 가격을 어떻게 예상하는가? 나는 3,000,000원 정도 예상한다. 아주 보수적으로 말이다. 그러나 당신은 어쩌면 나보다 더 보수적일지 모른다. 그래서 보수적인 당신의 기준에 맞추어서 그냥 2년 후 이더리움이 1,000,000원한다고 하자. 자, 당신의 총 자산은 얼마로 늘었을

까? 뭐 계산은 쉽다. 36,000,000원으로 이더리움 120개를 샀으니. 120,000,000원. 꽤 괜찮다.

그리고 두번째 케이스. 2년 후의 이더리움 가격이 지금과 같을 가능성도 있다. 물론 나는 이 가능성을 10% 미만으로 보고 있지만, 투자 차원에서는 10% 미만의 가능성도 당연히 검토해 보아야 한다. 그러니 일단 고려 대상에 넣자. 자 당신의 총 자산은? 그렇다. 36,000,000원. 뭐 손해도 이익도 없다. 원금은 지킨 셈이다.

자, 마지막 케이스. 2년 후에 이더리움이 가격이 하락한다. 이 가능성은 정말 1% 미만이라고 생각하지만 뭐 세상 일은 모르는 일이니 이것도 역시 고려해 보자. 자, 만약에 떨어진다면 얼마나 떨어진다고 생각하시는가? 10만원? 5만원? 뭐, 좋다. 그냥 5만원이라고 하자. 가능성이 매우 낮긴 하지만 이더리움에 대한 믿음의 근거가 부족한 당신은 어쩌면 이 가능성을 무시하지 못할 것이니까 말이다. 자 당신의 총 자산은? 헉? 6,000,000!!! 그렇다. 당신은 엄청난 원금손실을 본 것이다. 무려 6토막이 난 당신의 투자금.

자, 여기까지는 주식투자와 똑같다. 주식을 사 놓고 2년간 묻어 두었을 때 주식이 오르면 당연히 돈을 벌고, 주식이 내리면 당연히 돈을 잃는다. 그래서 우리는 기술적 분석이니, 가치주니 해서 다양한 분석을 하고는 한다. 물론 그 분석이 맞는 경우는 거의 없지만 말이다.

이 부분을 이해하는 것이 가장 중요하다. 나는 내가 지난 3개월간 살펴본 실제 데이터를 근거로 이야기를 풀어 나갈 생각이다. 채굴은 당신이 생소할지도 모르니 먼저 팩트부터 살펴보자. 앞부분에서 말했다시피 나는 개인채굴은 하지 않는다. 채굴을 전문으로 하는 회사에 관리를 맡기고 나는 그 결과 얻어지는 이더리움을 받는다. 먼저 채굴기 10대가 2017년 5월 30일부터 6월 4일 6일간 채굴한 이더리움 데이터를 보면서 이야기를 풀어 보자.

아래 데이터를 보면 6일간 캔 총 이더리움은 7.51개다. 이것을 한달로 환산하면, 37.55개다. 그런데 아래 데이터를 보면 잘 아시겠지만, 채굴되는 이더리움 개수가 줄어들고 있다. 1.299 → 1.280 → 1.260 → 1.242 → 1.224 → 1.205. 거의 하루에 0.02개씩 줄어든다. 하루에 캐지는 이더리움 1개 남짓인데, 하루에 0.02개씩 줄어들면? 컥? 매일 2%씩 감소? 50일 후에는 더 이상 이더리움이 캐지지 않는다?

그야말로 아무것도 모르는 입문자들은 그렇게 생각할지도 모른다. 그래서 아주 친절하게 상황을 설명해 드리고자 한다.

NO	일자	구분	입금
7	2017-06-04	보너스	1.25448672
6	2017-06-03	보너스	0.41579818
5	2017-06-02	보너스	0.41995663
4	2017-06-02	차감	
3	2017-06-01	보너스	0.40943446
2	2017-05-31	보너스	0.40969563
1	2017-05-30	보너스	0.41441840
합계			3.32379002

자, 데이터는 채굴기 10대로 돌리는 거니깐, 채굴기 1대라면 한달에 캐지는 이더리움 숫자는 3.75개가 된다. 아니지. 채굴되는 숫자가 점점 줄어드니 그냥 3개로 잡아 보자. 뭐 말이 될 수도 안 될 수도 있다. 일단 이렇게 출발해 보자.

그리고 아래표는 2017년 3월에 채굴기 1대로 돌린 데이터다. 자, 하루에 0.174개다. 표를 보면 아시겠지만 이 숫자 역시 줄어들고 있다. 0.174 → 0.164 → 0.158 → 0.150 → 0.146 → 0.143 →

NO	일자	구분	입금
7	2017-04-04	보너스	0.13612448
6	2017-04-03	보너스	0.14312482
5	2017-04-02	보너스	0.14674836
4	2017-04-01	보너스	0.15069568
3	2017-03-31	보너스	0.15821473
2	2017-03-30	보너스	0.16482381
1	2017-03-29	보너스	0.17447670
합계			1.07420858

0.136. 헉? 더 빠른 속도로 줄어드는 것 같다. 거의 전날 캔 이더리움의 3% ~ 8%씩 줄어들고 있다.

위의 6월 달보다도 더 상황이 안 좋은 것 같다. 그러나 잘 보자. 3월에 줄어드는 속도보다 6월에 줄어드는 속도가 더 느리다. 흠. 일단 여기까지 아시고. 자, 다음 진도로 나가보자.

자, 다시 정리해 보자. 10대 기준으로 보도록 하자. 왜냐하면 채굴기 10대가 거의 3,600만원이므로, 위의 이더리움을 구매했을 때와 비교하기가 편할 것이다.

2017년 3월에 3,600만원으로 채굴기 10대를 구매했다면, 대충 계산해서 매일 이더리움 1.5개 정도씩을 캤을 것이다. 그렇다면, 한달에 45개. 자, 그 당시 이더리움 가격이 6만원 정도 했다. 그럼, 월 수익이 270만원이다.

2017년 6월에 3,600만원으로 채굴기 10대를 구매했다면, 역시 대충 계산해서 매일 이더리움 1개를 캔다고 하자. 너무 대충 계산했나? 뭐 팍팍 줄어든다고 보자. 그런데 이더리움 가격이 얼만지 아는가? 자그마치 30만원. 그러니까 한 달에 30개면, 월 수익은 900만원이 된다.

채굴량은 줄어 들었으나 그 줄어드는 속도보다 이더리움 가격 상승 속도가 더 빠른 것이다. 자, 여기까지는 팩트다.

자, 이제 위에 제시한 거래와 채굴을 각 케이스별로 다시 비교해 보자. 차근차근 잘 따라오시기 바란다. 여기에 채굴의 비밀이 있으니 말이다.

- 총 투자금 : 36,000,000원
- 2017년 6월 5일 이더리움 가격 : 300,000원
- 채굴기 구매 : 10대
- 월 채굴량 : 30개 (2017년 6월 기준)

자, 이제 시뮬레이션 해 보자.

자, 매월 30개를 2년간 캐면 모두 몇 개나 캘까? 그렇다, 720개다. 그런데 채굴량이 2년간 줄어든다. 왜? 두 가지 이유가 있다. 첫번째, 채굴 난이도가 올라가기 때문이다. (거의 모든 가상화폐들이 시간이 지나면 채굴이 어렵도록 설계되어 있다. 즉, 시간이 지나면 채굴 난이도는 상승하게 된다.) 두 번째, 이더리움이 오르면 채산성이 좋아지므로 더 많은 사람들이 채굴에 참여해서 각 채굴기당 할당되는 채굴량이 줄어든다. 자, 이 2가지 이유로 인해 2년 후에 매월 채굴되는 채굴량을 10개로 보자. 매우 타당한 계산이라고 본다. 이렇게 계산하면 산술평균식에 의해, (30+10)×24/2 = 480개. 즉, 2년간 캐지는 이더리움은 480개가 된다. 이해되시는가?

자, 그러면 이더리움 가격이 변화가 없을 때는 채굴량은 어떻게 될까? 난이도는 여전히 증가한다. 그리고 이더리움 채굴은

여전히 채산성이 좋으므로 많은 사람들이 채굴에 참여한다. 다만 2년 후 100만원 할 때 보다는 좀 덜 참여할 것이다. 그러므로 2년 후에 매월 채굴되는 채굴량을 15개로 보자. 이것 역시 매우 타당한 수치다. 자, 계산하면, (30+15)×24/2 = 540개. 즉, 2년간 캐지는 이더리움은 540개가 된다. 오케이?

자, 이제 마지막 케이스를 보자. 이더리움 가격이 5만원으로 하락할 때. 뭐 생각하기 싫겠지만 그래도 현명한 투자자라면, 이 경우도 생각해 보아야 한다. 사실 이것이 내가 생각하는 1% 정도의 가능성을 가진 최악의 시나리오이긴 하다. 자, 시뮬레이션해 보자. 채굴 난이도는 여전히 증가한다. 그러나 채굴에 참여하는 사람들은 오히려 줄어들 수 있다. 당연한 말이겠지만 채산성이 안 나오니까. 그리고 이 경우라면 차라리 비트코인을 채굴하는 것이 나을 수도 있으니까. 혹은 다른 유망한 가상화폐가 등장해서, 이더리움보다 훨씬 더 채산성이 좋을 수 있으니깐. 이더리움을 캐던 채굴기들 중 상당한 숫자가 다른 가상화폐로 옮아갈 것이다.

즉, 난이도는 올라가나 총 채굴기 숫자가 줄어들어서 매월 채굴되는 이더리움 개수는 오히려 증가할 수도 있다. 그러나 우리는 최악의 상황을 상정해 보기로 했으므로 채굴 숫자를 그냥 30으로 고정시켜 버리자. 너무 야박한 계산법 같기는 하지만, 최악의 케이스를 대비하는 것이 현명한 투자자의 자세이므로. 자, 계산하면 30×24 = 720개. 즉, 2년간 캐지는 이더리움은 720개가 된다. 흠.

3_
거래수익률 vs 채굴수익률

자, 이제 이 모든 데이터를 근거로 36,000,000원을 가지고, 이더리움을 사서 2년간 묵혀 두었을 때와 그 돈으로 채굴기 10대를 사서 2년간 돌리는 경우를 시뮬레이션 해 보자.

1. 2년 후 이더리움이 1,000,000원 갔을 때,
   A. 이더리움 구매 시 : 120,000,000원 (120개)
   B. 이더리움 채굴 시 : 480,000,000원 (480개)

2. 2년 후 이더리움이 300,000원 갔을 때,
   A. 이더리움 구매 시 : 36,000,000원 (120개)
   B. 이더리움 채굴 시 : 162,000,000원 (540개)

3. 2년 후 이더리움이 50,000원 갔을 때,
   A. 이더리움 구매 시 : 6,000,000원 (120개)
   B. 이더리움 채굴 시 : 36,000,000원 (720개)

4_
"지금 시작해도 늦지 않을까요?"

자, 위의 표를 보면 이해가 되시는가? 무슨 설명이 더 필요한가?

이더리움이 오르든 말든, 횡보하든 내리든 채굴이 답임을 아시겠는가? 왜 최근 전 세계적으로 GPU가 동이 나는지, 왜 용산 전자상가의 GPU가 싹이 마르는지 아시겠는가? 이제 채굴은 더 이상 비밀이 아니다. GPU가 상승하면 채굴기 값이 오를지도 모른다. 얼마나 오를까? 그것까지는 잘 모르겠다. 다만 앞으로 이더리움 가격이 오르면 오를수록 채굴자들은 점점 증가할 것이며, 채굴기 구매는 점점 더 어려워질 것이다. 너무 늦지 않게 당신이 이 책을 읽고 있기를 바랄 뿐이다.

괜히 급등을 노리며 이더리움을 거래했다가 만약에 5만원으로 떨어지기라도 하는 날이면, 당신의 원금은 1/6으로 줄어들 것이다. 물론 채굴은 이 경우에도 안전하지만 말이다.

아! 물론 이더리움이 5만원 이하로 내려갈 수도 있다. 그때는 뭐 채굴도 답이 없다. 당신의 원금은 공중분해가 될 것이다. 이 부분은 당신이 감수해야 할 위험이다. 만약 이 위험까지 감수하고 싶지 않다면 그냥 은행에 가서 돈을 찾아서 장롱 깊숙이 숨겨 놓아라. 삼성전자가 망하면, 삼성전자 주식이 다 무슨 소용이겠는가 말이다!

뭐, 결론을 내도록 하자. 이더리움 가격이 100만원으로 상승하든 보합세이든 5만원으로 하락하든 광산업자가 되어 금을 캐듯이 이더리움을 채굴하시라. 그것이 맘 편히 수익을 창출하는 길이다. 괜히 주식투자하듯이 이더리움 사 놓고 시세판 보면서 안절부절하지 말고.

아! 그리고 마지막으로 한 가지 사실만 더 알려 드리고 이 장을 마무리하고자 한다. 채굴기의 수명은 2년이 아니다. 그보다 더 길다. 3년~5년 정도다. 그러니 당신은 2년이 지난 이후에도 계속 채굴을 하게 될 것이다. 오 마이갓!!! 이 책을 선물해 준 분에게 왜 감사인사를 드려야 하는지 이제 알겠는가?

아래, 2017년 6월 16일자 기사 하나를 첨부한다. 얼마 전에는 용산전자상가의 GPU가 씨가 말랐다고 하더니, 이 기사에서는 채굴 열풍에 삼성전자도 이득을 본다는 내용을 실었다. 나를 만나는 많은 사람들이 묻는다.

"지금 시작해도 늦지 않을까요?"

나의 대답은 현재로선 한결 같다.

"네!"

〈 관련 기사 〉

비트코인 이더리움 채굴 열풍에 삼성전자도 이득 본다

http://www.businesspost.co.kr/news/articleView.html?idxno=51617

제6장

진짜와 가짜를 구분하자

BITCOIN

ETHEREUM

1_
가짜코인 구분법

일반인들은 가상화폐를 잘 모른다. 비트코인이 뭔지도 잘 모른다. 그런데 어디선가 들어본 것 같기는 하다. 최근 많은 방송 매체와 경제지에서 비트코인과 이더리움을 다룬 덕분에 이제 많은 사람들이 들어보기는 했다. 조금씩 관심도 갖기 시작했다. 그런데 일각에서는 바로 이 틈새를 노려 가짜코인이 판을 친다. '이 XX코인이 바로 제2의 이더리움이 될 것입니다.' 라고 일반인들을 현혹하는 사람들이 많다. 그리고 많은 사람들이 당한다!

설마 그런 말에 속아 넘어갈까 싶지만, 그런 말에 속아 넘어간다. 비트코인을 빙자해서 언제라도 비트코인으로 교환가능하다는 말에, '그럼 비트코인이랑 비슷한 거네.' 라고 하면서 냉큼 미끼를 물고는 한다. 지나친 욕심이 화를 부르는 순간이다.

자, 아래 사이트를 기억하라. (6월 5일자 전 세계 가상화폐 순위입니다.)

▲#	Name	Symbol	Market Cap	Price	Circulating Supply	Volume (24h)
1	ⓑ Bitcoin	BTC	$41,108,170,269	$2504.62	16,412,937	$1,647,030,000
2	◆ Ethereum	ETH	$24,812,773,910	$267.33	92,818,061	$2,057,930,000
3	✖ Ripple	XRP	$10,538,670,622	$0.275223	38,291,387,790 *	$279,113,000
4	Ⓛ Litecoin	LTC	$2,128,167,604	$41.14	51,728,882	$545,602,000
5	◆ Ethereum Classic	ETC	$1,851,451,671	$19.91	92,988,708	$267,273,000
6	⦿ NEM	XEM	$1,497,717,000	$0.166413	8,999,999,999 *	$8,581,720
7	⛏ Dash	DASH	$1,216,123,239	$164.64	7,386,605	$43,783,200
8	⚙ IOTA	MIOTA	$1,086,796,341	$0.391000	2,779,530,283 *	$8,708,650
9	◗ BitShares	BTS	$689,372,525	$0.265515	2,596,360,000 *	$104,317,000
10	⦾ Monero	XMR	$645,284,545	$43.93	14,690,465	$16,583,700
11	◌ Stratis	STRAT	$628,569,067	$6.39	98,440,175 *	$10,625,200
12	ⓩ Zcash	ZEC	$477,610,872	$307.65	1,552,444	$30,012,700
13	Ƀ Bytecoin	BCN	$433,943,777	$0.002370	183,064,653,604	$2,846,000
14	⛷ Siacoin	SC	$427,795,632	$0.015698	27,251,080,155	$27,585,700
15	⦙⦙⦙ Steem	STEEM	$420,813,138	$1.79	235,154,197	$5,816,250
16	⅄ Golem	GNT	$420,796,118	$0.505138	833,032,000 *	$11,122,800

이 사이트에는 가상화폐 시장에 상장된 856개의 코인이 있다. 시가총액 기준으로 1위 비트코인부터, 2위 이더리움…… 그리고 856위의 코인까지. 일단 가짜코인 판별법 1. 여기에 보이지 않는 코인은 그야말로 가짜다. 아직 코인이 아니다. 그러니 관심 끄시라.

그런데 '이건 아직 비상장코인이라서 그렇다. 곧 상장되면 100배, 1,000배 뛸 것이다.'라는 말에 현혹된다. 명심하시라. 비상장 가상화폐는 그런 식으로 거래하지 않는다. 비상장주식하고는 다르다. ICO라는 것을 통해 공모하는 것이 진짜 유망한 가상화폐이며, 개인을 통해 판매되는 모든 가상화폐는 가짜라고 보면 된다. (물론 ICO 이전에 프리세일(free sale)을 하기도 한다. 당신이 정말 전문가라면, 프리세일에 대해서도 잘 알 것이고, 그렇다면 나보다 훨씬 고수일 수 있다. 만약 나보다 고수라는 확신이 드시면, 그리고 100% 확실한 정보가 있다면, 프리세일에 참여하는 것도 멋진 투자일 수 있다. 다만 당신이 아직 전문가가 아니거나 당신이 아는 정보의 신뢰성에 대해 100% 확신이 없다면, 당신은 엄청난 모험을 하는 것이다. 모험을 즐기고 싶다면 프리세일 고고 ^^)

다만 당신이 욕심에 눈이 멀면 100배, 1,000배라는 미끼를 덥썩 물게 될 것이다.

자, 2017년 6월 5일 현재 360만원하는 채굴기 하나당 하루에 채굴한 이더리움은 0.118개다. 여기에 2017년 6월 5일의 이더리움 가격 295,000원을 곱하면 34,810원이다. 이것은 팩트다. 360만원을 은행에 넣어 놓으면 1년에 얼마나 받을까? 딱 답이 나온다. 그런데 우리는 이것보다 더한 대박을 바란다. 100배, 1,000배를 바라보는 순간 당신은 가짜코인을 사게 될 것이다.

2_
욕심이 화를 부른 사례

오랜만에 친구를 만나러 갔다. 멋진 사무실에 깔끔한 양복을 입고 앉아 있었다.

"이야, 멋진데, 친구야, 요즘 무슨 일하노?"로 시작된 대화는 채 10분이 되기도 전에 나를 섬뜩하게 했다.

아니, 1천만원을 투자하면 매월 30만원을 준단다. 이게 말이 되는가? 그야말로 은행이자가 얼만데, 세상에 이런 일이 어떻게 일어난단 말인가?

그 친구 왈, 기막힌 프로그램이 있는데 그 프로그램이 자동으로 외환거래를 해서 차익을 거두게 해준다는 것이다. 그런데 더 기막힌 것은 투자금이 늘어나면 늘어날수록 더 많은 수익률을 준다고 한다. 3천만원을 투자하면 매월 150만원, 1억원을 투자하면 매월 1천만원, 뭐 이런 식이다.

냄새가 난다. 얘기를 나누다 보니 키워드가 잡혔다. 나는 친구가 보는 그 자리에서 바로 검색에 들어갔다. 'FX마진거래 사기.' 그러자 바로 뉴스에 딱 떴다. '1조원대 FX마진거래 사기' 금액도 완전히 일치했다. 1천만원에 월 30만원. 완전히 똑같은 수법인데도 사람들이 속아 넘어가나 보다.

"친구야, 나도 확실친 않은데 이건 안 하는 게 좋은 것 같애. 네가 FX마진거래에 대해 모르잖아. 아니, 1천만원에 월 30만원 버는 거래를 하는 프로그램이 있다면 이 세상이 제대로 돌아가겠니? 빨리 발 빼는 게 좋을 것 같아. 친구야."라며 아주 부드럽게 말했다.

"아, 그리고 혹시 너도 투자했냐?"

"어? 아, 아니."

말끝을 흐리는 친구에게서 뭔가 미심쩍은 게 있었으나 그냥 친구의 말을 믿기로 하고 그 자리를 나왔다.

그리고 몇 달 후 그 친구와 오랜만에 만나 골프 연습장에 갔다. 중간에 문득 그 생각이 나서,

"친구야, 그 FX마진거래하는 거 아직도 하나?" 라고 물어보았다. 친구 왈,

"야, 말도 마라. 사장이 잠적했어. 나도 천만원 투자했는데, 골치 아프다야."

나는 속으로 천만원이기에 정말 다행이라며 안도의 한숨을 쉬었다.

나는 그 친구에게 이더리움에 대해 말해 주었고, 채굴기 하나

사서 돌려보라고 했다. 처음에 돈이 없다던 그 친구는 우정 어린 내 설명을 듣더니 있는 돈 없는 돈 끌어 모아 280만원을 마련했다. (그 당시 채굴기는 4WAY 방식이었고 2,500$이었다. 지금은 6WAY 방식이며 3,200$이다. 6WAY는 4WAY보다 채굴량이 많다.)

그리고 그 친구가 채굴기 한 대를 구입해서 채굴을 하기 시작한 지 두 달이 지났다. "친구야, 채굴기 잘 돌아가나?"라고 물어보았다.

"어? 글쎄. 나는 그거 어떻게 하는지 몰라. 그냥 네가 하나 사라니까 샀다."

참 나 천만원 사기 당한 친구답게 대범한 친구다.

나는 그 친구의 계좌로 들어가서 채굴된 이더리움을 확인해 보았다. 정확히 8개가 캐져 있었다. 딱 2달 만이었다. 그리고 이더리움은 그 사이 6만원에서 30만원이 되어 있었다. 그 친구는 2달 만에 거의 채굴기 원가를 뽑고 만 것이다. 그리고 앞으로도 채굴기는 쌩쌩 잘 돌아갈 것이다. (며칠 후 이더리움은 40만원을 넘어섰고, 그 친구의 총 채굴량은 10개를 넘어서고 있었다.)

자, FX마진거래와 채굴기의 차이를 아시겠는가? 내 입장에서 보자면 나는 FX마진거래의 원리를 모른다. 그러나 나는 채굴의 원리를 잘 안다. 원리를 모른다면, 1천만원에 월 30만원의 수익은 사기일 가능성이 높다. 그러나 원리를 안다면 1천만원에 월 300만원 수익도 지극히 정상적인 것이 된다. 그리고 그 일은 이 글을 쓰는 지금 이 순간 실제로 일어나고 있다.

100년 만에 한번 오는 기회다. 그야말로 4차 산업혁명이 시작되는 지금이기에 가능한 것이다. 화폐 패러다임의 변화, 화폐 민주주의의 시작. 살아 생전 언제 또 이런 기회가 올지 모른다. 어떻게 보면 비정상적이고 비합리적인 이 수익률을 올릴 수 있는 시대에 내가 사는 것은 행운이다. 큰 흐름을 타라. 그러면 힘들게 노를 젓지 않아도 배는 힘차게 앞으로 나아갈 것이다.

아래는 가상화폐를 처음 접한 당신이 걸려들지도 모르는 전형적인 사기 수법을 다룬 기사다. 여기에서 언급하는, HMH ACL 헷지비트 블루투스 알라딘 등 5종은 위에서 언급한 coinmarketcap.com에서는 찾아볼 수 없다. 진짜와 가짜를 잘 구분해야 한다.

〈관련 기사〉
부산경찰, 600억대 전자화폐 '알라딘 코인' 등 사기단 39명 검거
http://news.kmib.co.kr/article/view.asp?arcid=0011475975&code=61122019&cp=nv

아래 기사 또한 가상화폐 투자열기를 잘 반영하고 있다. 한국형 가상화폐 보스코인. 이것을 가짜라고 말하는 것은 아니다. 그러나 가상화폐 열풍에 힘입어 다소 과열되는 느낌을 받고 있다. ICO가 9분 만에 마감되는 것은 정말 대단한 일이다. 그리고 ICO를 하게 되면 정식으로 상장하기 전까지 일정 기간 거래를

하지 못하게 되는데, 이미 개인간 거래를 통해 엄청난 프리미엄이 붙어 있는 상태다. 조심해야 할 부분이다.

〈관련 기사〉
한국형 가상화폐 '보스코인' ICO에 157억원 몰렸다
http://www.asiae.co.kr/news/view.htm?idxno=2017051008533145094

아래 기사는 이더리움의 시가총액이 비트코인을 맹추격하고 있다는 내용이다. 결국 그렇게 될 것이다. 문제는 시간일 뿐. 다른 장에서 쓰겠지만, 비트코인이 야후라면 이더리움은 구글이다. 인터넷은 결국 구글이 승리한 것처럼 가상화폐는 결국 이더리움이 장악하게 될 것이다.

〈관련 기사〉
이더리움 시총, 비트코인 맹추격…지각변동 일어나나
http://news.einfomax.co.kr/news/articleView.html?idxno=341653

제7장

가상화폐 투자에 임하는 자세

BITCOIN
ETHEREUM

돌다리도 두드려보고 건너라?

이건 분명 맞지 않는 말이다. 왜냐하면 돌다리를 두드려보고 건너는 사람은 없기 때문이다. 돌다리를 건널 때 일일이 하나하나 두드려보고 건너는 장면을 생각해 보라. 참으로 어이 없는 일이다. 말도 안 되는 이 말을 도대체 어디에 써먹는단 말인가?

삼성SDS에 다니는 지인이 있었다. 블록체인을 잘 안다고 한다. 관련부서에서 근무한다고 했다. 물론 비트코인도 잘 안다고 했다. 이더리움도 잘 안다고 했다. 그런데 이더리움을 보유하고 있지는 않았다. 아직 위험하단다. 아직? 아니, 그럼 언제 안전해지는데? 이더리움이 완전히 검증되는 날, 이더리움은 이미 1천만원이 되어 있을 것이다. 위험으로 따지자면 우주에 둥둥 떠 있는 지구에 산다는 것 자체가 위험하다. 기회는 항상 위기와 함께 온다. 돌다리 두드리다 홍수에 휩쓸려 가는 수도 있다. 대부분의 돌다리는 그냥 대범하게 건너가는 편이 낫다.

2017년 3월, 그들의 반응

이더리움의 가능성을 보고 6만원에 이더리움을 산 나는 주변의 지인들에게 카톡으로 이더리움의 가능성에 대해 알렸다. 검색을 통해서 얻은 KT경제경영연구소 한국정책연구원 서울대 등에서 나온 보고서와 KBS파노라마 방송 녹화본을 보내서 이 기회를 잡으라고 말했다. 그 누구도 관심을 기울이지 않았다.

세상은 변해 가는 데 많은 사람들이 그 변화에 무감각한 것 같다. 한 분은 내가 보낸 내용을 보고 증권사에 있는 친구에게 물어보았다고 한다. 대답은 역시 '위험하다'였다고 한다. 그분 역시 그 친구의 말을 듣고 '위험한 이더리움'을 쳐다보지도 않았다. 역시 6만원할 때의 반응이었다.

얼마 전 삼성SDS가 EEA(이더리움 기업동맹)에 참여했다. 그 위험한 이더리움에 말이다. 그리고 그 이후 SK텔레콤도 EEA에 합류했다. 삼성그룹과 SK그룹이 참여한 이더리움 기업동맹. 아직도 위험한가?

　그분이 문의한 증권사 역시 조만간 이더리움 투자를 시작할 것이다. 그렇게 될 수밖에 없다. 이것은 시대의 큰 흐름이다. 이것은 국내 펀드나 증권사뿐만 아니라 세계적인 펀드나 증권사도 들어올 수밖에 없다. 진정한 버블은 그때 만들어질 것이다. 나는 그때 유유히 이더리움 일부를 팔고 세계여행을 즐기고 있겠지. (다 팔지는 않을 예정이다. Big picture가 완성되기까지 기다릴 예정이다.)

거래소는 수수료로 돈 번다!

여의도에 가면 증권사 빌딩들이 많다. 대부분이 그들 소유다. 참 돈도 많이 번다. 역시 돈을 벌려면 돈을 다루는 일을 해야 한다. 그런데 여기서 비밀 하나를 알려 드리고자 한다.

질문.

"증권사는 좋은 주식에 투자해서 돈을 벌까요?"

대답해 보시라. 어려운 문제인가? 내가 그 답을 알고 있으니 대답해 드리겠다. 정답.

"아뇨. 여러분이 낸 거래수수료로 돈을 벌어 빌딩을 올렸지요."

여러분은 주식투자할 때 증권회사 직원의 말을 듣고 따라 하는가? 그래서 수익은 괜찮았는가? 나는 증권사의 비밀을 안다. 그들은 고객들의 수수료가 주 수입원이다. 물론 특별한 경우에는 투자를 통해 수익을 올릴 때도 있다. 그러나 수십 년의 세월을 놓고 봤을 때, 그들의 주 수입원은 명백하게 고객이 낸 수수료이다.

애널리스트, 펀드매니저가 수두룩한 증권사조차도 장기적인 관점에서는, 투자를 통해 지속적으로 수익을 창출하지 못하는데, 하물며 당신이 주식으로 돈을 번다고? 아니다. (물론 일부 뛰어난 증권사 그리고 뛰어난 애널리스트나 펀드매니저는 고객의 수수료뿐만 아니라, 많은 다양한 투자기법을 통해 수익을 내기도 한다. 내가 이 책에서 말하고자 하는 것은 대체적인 큰 그림, 큰 흐름 그리고 기본적인 원리다. 주식중개업을 비롯한 경마, 도박, 로또 등 거의 모든 경우에, 그것을 중개하는 이들이 최종적인 부를 축적하게 된다는 원리를 설명하고 싶었다.)

주식시장은 개미의 돈을 빨아 들이는 장치

생각해 보라. 주식시장을 왜 만들었겠는가? 일반인들의 배를 불려주기 위해서? 결코 아니다. 세금 내고, 아파트 대출금 내고, 아이들 교육비 내고, 그래도 남는 돈이 있다면 그냥 갖다 바치라고 만든 것이 주식시장이다. 주식시장의 구조에서 절대 돈은 큰 손 또는 기관 또는 외국인에게서 개인에게로 흘러내리지 않는다. 돈은 다만 개인의 주머니에서 나와 어딘가로 흘러들어갈 뿐이다. 이것이 주식시장의 근본적인 목적이다.

내가 사회의 이단아라서 이런 글을 여기 쓰는 것은 아니다. 그냥 사회현상을 제대로 보기 시작하면 다 보이는 거다. 큰 그림을 보면 다 보인다. 특정 주식의 주식 시세판을 쳐다보면 무한한 기회가 있는 것 같지만, 결국 당신은 쪽박을 차게 된다. 왜냐하면 당신이 거래하는 그 순간, 당신의 돈은 당신의 호주머니에서 누군가의 호주머니로 흘러 들어가기 때문이다.

과거에 내기 당구를 즐겨 쳤었다. 한 점당 천원짜리 치다가 술이라도 먹을라치면 한 점당 만원짜리 내기 당구도 쳤었다. 한 큐 한 큐 칠 때마다 돈이 오간다. 4명에서 치면, 한번에 5점만 쳐도 2십만원을 딴다. 마치 시세판을 보고 짧게짧게 거래하면 돈을 번다는 착각을 하는 것처럼 말이다. 그러나 내기 당구는 어쩔 때는 10시간도 이어진다. 그리고 일주일에 한 번 이상을 치고는 한다.

결국 누가 돈을 버는지 아는가? 딩동댕!!! 바로 당구장 아저씨다. 시간당 천원을 받는 그 당구장 아저씨가 돈을 버는 것이다. 잘 되는 당구장은 건물도 올린다. 바로 당신이 낸 게임비로 말이다. 0.1%, 0.01%를 무시하면 안 된다. 이것이 쌓이면 결국 당신의 원금이 사라지는 것이다.

자, 다시 가상화폐 이슈로 돌아와서.

결론. 트레이딩, 특히 단타는 절대로! 하지 말란 말이다!

비트코인은 야후, 이더리움은 구글

자, 일반인들이 방송을 통해 혹은 기사를 통해 가상화폐에 대해 들었다고 하자. 그래서 가상화폐 거래소에 회원가입을 하고 가상화폐를 거래하기 시작했다고 하자. 과연 그들은 무엇을 살 것인가? 아마 대부분은 비트코인을 살 것이다. 물론 개미들은 이더리움클래식 같은 싼 가상화폐를 찾을 것이지만 결과는 썩 좋지 않을 것이다. (만약 더 싼 가상화폐를 사면 결과는 더 참담할 것이다. 물론 한 번은 대박을 맞을 수도 있다. 그러나 결국 쪽박을 찰 것이다. 왜냐하면 당신은 결코 그 한번으로 만족하지 못할 것이기 때문이다.)

일반인들은 가상화폐를 잘 모른다. 블록체인은 더더욱 모른다. 4차 산업혁명은 더더더욱 모른다. 그러니 그저 비트코인을 살 뿐이다. 나처럼 그나마 공부를 조금 한 사람은 이더리움이 결국 비트코인을 추월할 것임을 안다. 그래서 이더리움을 보유하기를 원한다. 당신이 이 책을 읽고 있는 것은 행운이다. 당신이 이더리움을 사든 채굴을 하든 그것은 당신의 선택이고 그 결과 또한 당신의 몫이지만, 이 책을 통해 이더리움과 채굴을 알게 되었다는 자체는 엄청난 행운이다.

인터넷 시대, 즉 3차 산업혁명에서 야후가 대박 잘 나가는 것처럼 보였다. 그러나 어느 날 구글이 혜성처럼 나타나 모든 판도를 바꿔 버렸다. 자, 4차 산업혁명에서 비트코인이 야후라면, 이더리움은 바로 구글이다. 2014년에 만들어지는가 싶더니, 2015년에 혜성처럼 나타나 이제 어느덧 비트코인 시가총액의 50%를 넘어서 버렸다. (6월 5일에는 50%를 넘어서는 정도였는데, 원고를 최종 수정하고 있는 6월 16일 현재 이더리움 시가총액 332억$, 비트코인 시가총액 409억불. 즉, 이더리움 시가총액이 비트코인 시가총액의 80%까지 바짝 추격해 왔다. 이더리움은 항상 나의 예측을 앞서 나가 버린다. ㅋ~) 이더리움은 조만간 비트코인의 시가총액을 넘어설 것이다.

이제 이더리움이 진정한 블록체인임을 많은 이들이 알게 될 것이다. 그리고 구글이 인터넷을 평정했듯이, 이더리움이 블록체인 생태계를 평정할 것이다.

싼 놈 사 놓고 오르라고 기도하기

먼저 아래 카톡 내용을 보기 바란다.

> 오늘 강의 감사합니다ㅋ
> 두가지질문이 있습니다
> 채굴기 업체명 알고싶습니다
> 두번째는 이더리움클래식은
> 어떻게보시나요
> 저도 지지난주부터 관심이 생겨서
> 고점에 3400만원 투자해서 반토막이
> 났거든요

나는 분명, 5월 13일의 첫 특강에서 '거래:채굴=1:1'의 투자원칙을 제시했다. 왜냐하면 그 당시 이더리움이 10만원대였고 충분히 상승할 여지가 있기 때문이었다. 그럼에도 불구하고 채굴의 중요성을 강조했다. 굳이 1:1이라고 말한 이유는, 단 기간에 이더리움이 오를 가능성이 보이는데, 만약 채굴기만 사면 이더리움이 오를 때 배 아플 수도 있기 때문이다. 나는 이렇게 말했었다.

"굳이 가상화폐를 사고 싶으시면, 이더리움을 사세요."라고. 결코 이더리움클래식을 사라고 하지 않았다.

그런데도 그분은 나름 공부를 한다고 인터넷을 뒤지고, 여기 저기 가상화폐 관련 카페 글을 읽으면서 이더리움클래식에 대해 점점 관심을 갖게 되었다고 한다. 왜? 이유는 하나였다. 이더리 움보다 싸니까. 그러나 싼 데는 다 이유가 있다. 왜 굳이 좋은 이 더리움 놔두고 이더리움클래식을 사는지…… 싸니까?

자, 인간의 심리란 것이 일단 의심하면 그 의심은 꼬리에 꼬리 를 물게 된다. 그리고 어떤 것에 애착을 가지면 그 애착이 맞다 고 말하는 글들만을 받아들이게 된다. 이 분은 이더리움클래식 이 좋다고 말하는 글들만을 찾아다닌 것이다. 그리고 덥썩 사버 렸다고 한다.

주식투자든 뭐든 절대 이런 식으로 투자를 하면 안 된다. 하다 못해 아파트를 사더라도, 강남 한복판에 있는 아파트를 사야 한 다. 바둑 격언에도 있는 '대마불사'는 주식격언이기도 하다. 그 냥 감으로, '싼 놈 사 놓고 오르라고 기도하기' 하지 말자. 굳이 주식을 하겠다면 삼성전자를, 굳이 가상화폐를 사고 싶다면 이 더리움을 사라고 말하고 싶다. (물론 6월 16일 현재 이더리움은 이미 40만원을 넘어 섰고, 이 가격에 사는 것보다는 채굴이 훨씬 더 안전하다고 말하고 싶습니다. 왜냐하면 5월 13일 이후 한 달 간 이더리움은 10만원에서 38만원으로 오르기도 했고, 그 이후 15만원으로 떨어지기도 했고, 또다시 50만원에 근접했다가 다시 35만원으로 떨어지는가 싶더니 이제 다시금 42만원이 되었는데, 만약 당신이 이더리움을 몇천만 원어치 사 놓고 있었다고 생각해 보라. 살 떨려서 일이 손에 잡힐까요? 그냥 정신건강을 위해서도 그렇고 안정적이고 지속가능한 고수익을 위해서도 그렇고, 채굴이 답이다!)

싼 놈 사 놓고 오르라고 기도하기. 제발 이런 거 하지 마시라. 명심하라!
신이 그런 기도를 들어준 적은 한 번도 없다.

닥치고 거래는 위험하다

　5월 13일 1차 가상화폐 특강의 제목은 '가상화폐 개념 및 실전 특강(실전 사례 중심)-나는 가상화폐로 2달 만에 1억 벌었다' 였다. 나의 실전 사례와 더불어 가상화폐, 비트코인, 이더리움 기타 알트코인의 개념 및 채굴의 개념 등에 대해 자세히 설명해 주었다. 나름 비트코인 등을 아는 전문가라고 하는 사람들조차도 채굴에 대해서는 잘 모른다.

　그런데 아무리 강의를 열심히 하고 주의 사항을 말해 주어도 절대 자기 고집을 꺾지 않는 사람들이 있다. 아래는 어떤 분이 내게 보낸 카톡 내용이다.

> 근데 선생님!
>
> 움은 POS(proof of stake;지분 증명) 방식으로 전환 예정에 있습니다. 채굴기를 지금 사는 건 비추천 드립니다.
>
> 　　　　　　　　　오후 10:00

> 네, 아무래도 내년에 채굴이 변경되는 게
> 부담스러워서요. 저는 비트코인하고
> 이더리움 거래하는 쪽으로 생각해
> 보려구요.
> 오후 4:25

그날 내 강의를 들은 한 분은 인터넷을 뒤져 이더리움에 대한 모든 정보를 낱낱이 뒤져 보았다고 한다. 그래서 내린 결론은 '이더리움 채굴은 위험하다'였다. 그런데 인터넷을 뒤지는 동안 이더리움 가격이 6만원에서 35만원으로 뛰어 버렸다. 다급해진 그는 35만원에 수천만원을 질러 버렸다. 오르는 것을 보고 있으면 조바심이 나서 흔히 이런 실수를 저지르게 된다.

그런데 그가 이더리움을 사자 말자 내리 곤두박질치더니 15만 원을 터치하더란다. 그리고는 결국 내게 카톡을 보냈다. '선생님, 채굴기를 구매하고 싶어요.'라고. 그동안 얼마나 가슴이 쓰라렸을까? 한편으로는 특강 때, "절대 이더리움 거래하지 마세요."라고 말해 버릴걸 하는 마음도 들었다. 그러나 어쩌랴. 이미 벌어진 일.

포항공대 컴퓨터공학과를 나온 내가 한 달 동안 집중적으로 연구하고 두 달 동안 실전을 통해 경험한 것을 강의를 통해 전달했는데, 어찌 인터넷에 떠도는 책임지지 못할 정보에 현혹되어 '채굴은 위험하고 거래가 안전하다'는 결론을 내린단 말인가.

"선생님, 그런데 어떡하죠? 지금이라도 이더리움 팔아야 하나요? 손절매해야 하나요?"

참 나~ 내가 무슨 주식 상담사도 아니고. 다만 물어보니까 나는 나의 의견을 말해 주었다.

"아뇨. 갖고 계세요. 반드시 35만원은 다시 찍습니다. 주식을 할 때도 마찬가지고, 모든 투자를 할 때 지켜야 할 원칙이 2가지가 있습니다. 첫째, 오를 주식을 산다. 둘째, 올랐을 때 판다. 반드시 오르니 그때 파세요."

세상일은 모르는 것이나 그분의 사연이 안타까워서 좀 오바해서 말해 주었다. 그리고 며칠 후 어김없이 이더리움은 50만원에 근접하고 있었다.

그는 지금 채굴기 10대로 이더리움을 채굴하고 있다. 더 이상 가상화폐 거래소 시세판을 보며 하루 종일 전전긍긍하지 않는다. 이더리움이 상승하면 상승하는 대로 좋고, 이더리움이 하락하면 하락하는 대로 좋고, 그는 이제 푸근한 마음으로 일상생활을 영위하면서 채굴기가 가져다 주는 이더리움을 차곡차곡 쌓아가고 있다.

아 참, 35만원에 산 이더리움을 팔았는지 안 팔았는지 나는 잘 모른다. 나는 성격상 물어보면 답변하되, 상대방이 굳이 말하지 않는 것을 질문하지도 않는다. 그리고 그가 내 말을 듣고도 35만원 밑에서 이더리움을 팔았는지 아니면 아직까지 갖고 있는지도 모른다. 나는 다만 물어봤으니 나의 의견을 말할 뿐. 구하지 못할 중생은 버리라 했으니. 나는 다만 내가 할 일을 할 뿐이다.

삼성SDS EEA 가입

EEA는 Enterprise Ethereum Alliance, 즉 기업 이더리움 동맹이다. 이더리움을 위한 기업들의 동맹체를 말한다. 삼성SDS가 EEA에 가입한 것은 결코 삼성SDS가 EEA에 가입했다고만 생각해서는 안 된다. 삼성그룹을 대표해서, 즉 삼성이 EEA에 가입한 것이다. 아래 EEA 기업 또는 금융기관 리스트를 보라. JP Morgan을 비롯해서, UBS, 마이크로소프트, 인텔 등 세계적인 기업들이 포함되어 있다. (삼성SDS는 EEA 2차 발표에 포함되었고, 그 이후 3차 발표에는 SK텔레콤이 포함되었다.)

이 책은 이더리움의 기술에 대해 다루는 책은 아니다. 나도 속속들이 알지는 못한다. 내가 관심 있는 것은 '큰 그림'이고 '큰 흐름'이다. EEA를 보면 이더리움의 미래가 보인다. EEA는 일종의 이더리움 후원사들의 모임이다.

앞으로도 EEA의 규모는 커질 것이고 더 많은 기업들이 이 동맹에 참여하게 될 것이다. 이러한 이벤트가 있을 때마다 당연히 이더리움의 가격은 계단식 상승을 하게 될 것이다. (아! 물론 이 책에서 줄곧 밝혔다시피 이더리움의 가격이 반드시 상승한다고 말하고 있는 것은 아니다. 다만 내 개인적인 직감으로는 이더리움은 100만원을 넘어 300만원을 넘어 그리고 1,000만원을 넘어 더 멀리 날아가게 될 것이라는 말이다. 그냥 개인적인 의견이다. 요즘 이더리움을 보자면, '내가 너무 보수적으로 생각하나' 라는 생각이 들 정도다.)

〈 관련 기사 〉
삼성SDS, 기업형 글로벌 블록체인 얼라이언스 EEA 참여
http://news.mk.co.kr/newsRead.php?&year=2017&no=342430

▲삼성SDS가 국제적 블록체인 연합체인 '엔터프라이즈 이더리움 동맹(EEA)'에 참여했다고 EEA측이 22일 밝혔다. 사진은 EEA 홈페이지 캡처

[EEA 참여 기업들]

핵심 정보를 파악하라

이 장을 빌어 한 가지 조언을 남기고자 한다. 알아야 면장도 한다. 그러나 너무 많이 알려고 하지 말라. 내가 자동차 운전자라면, 그냥 운전면허를 따고 도로연수를 하고 신나게 드라이브를 즐기면 된다. 괜히 엔진 설계도를 공부할 필요가 없다. 엔진은 엔지니어에게 맡겨라.

이 책에 실은 것이 가상화폐에 대해 내가 아는 거의 전부다. 물론 비트코인, 이더리움 외에 리플코인, 라이트코인, NEM, DASH, MONERO 등도 있다. 신규 상장되는 코인들도 있고, ICO도 참여할 수 있고, Poloniex 등 해외거래소도 있다. 그러나 나는 그런 것에 관심을 가지지 않는다.

왜냐하면 비트코인, 이더리움만 제대로 알아도 채굴만 제대로 알아도 코빗이나 코인원만 제대로 이용할 줄 알아도 그리고 가장 중요한 Big Picture만 제대로 이해해도 충분하기 때문이다.

나는 포항공대 컴퓨터공학과를 나왔다. 고등학교 때 전국 모의고사에서는 전국 200등까지 해 봤다. 대학 때는 인공지능(AI) 과목에서 과 수석을 했다. 음성인식, 패턴인식을 공부했다. 회사 생활할 때는 내노라하는 선배들이 해결 못하는 문제는 모두 내 담당이었고 거뜬히 해결해 냈다. 나는 보안회사 VPN개발팀장이었다. 코스닥 상장사가 만든 보안 자회사의 연구소장이었다.

그런 내가 아는 정도만 알면 된다. 내가 아는 것 이상 알려 하지 말라. 당신의 재테크에 별로 도움이 되지 않을 것이다. 선무당이 사람 잡는다고 했다. 어줍잖게 아는 것은 모르니만 못하다. 많이 아는 것이 중요한 것이 아니다. 핵심을 파악하는 능력을 갖추어라. 지식의 나열은 결코 당신에게 돈을 벌어주지 못한다. 중요한 것은 그것을 잘 엮어 핵심적인 하나의 정보를 만들어 내는 것이다.

다시 한 번 말하지만, Big Picture를 제대로 보라. 그 속에 기회가 있다.

가상화폐를 대하는 다양한 관점들

BITCOIN

ETHEREUM

이번 장에서는 이더리움을 처음 접한 사람들의 반응에 대해 사례를 통해 살펴보고자 한다. 어쩌면 당신 또한 이 중의 한 유형에 속할 수도 있을 것이다. 다양한 사례를 통해, 새로운 것을 대하는 당신의 방식을 재점검해 볼 것을 권한다.

"대표님 그때 그 참치가 4천만원짜리 참치였네요."

2017년 3월 21일. 한 달간의 초집중 연구 끝에 얻은 결론을 토대로 이더리움 투자를 시작하면서 나는 스피치마스터과정 수강생 중 블록체인 관련업계에 계시는 분들 및 새로운 것에 대한 호기심이 있을 법한 분들 그리고 투자여력이 있다고 판단되는 분

들에게 위와 같은 내용의 카톡을 보냈다. 위 내용은 지인 A씨에게 보낸 내용이다.

2017년 3월만 해도 아직 이더리움은 세상에 제대로 알려지기 전이었다. 일반인들은 이더리움이라는 단어를 들어보지도 못했던 시기. 때문에 나는 먼저 비트코인에 대해 호기심을 가질 만한 내용을 보내 주었다. 참고로 3월 21과 6월 7일의 비트코인 및 이더리움 가격을 살펴보자.

아래 그래프에서 보시다시피, 비트코인은 3배, 이더리움은 5배 정도 가격이 상승했다.

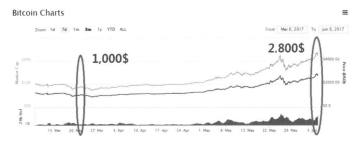

[비트코인 가격 : 2017년 3월 21일 vs 2017년 6월 7일]

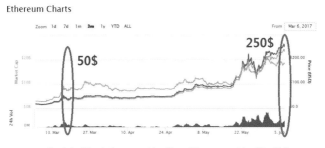

[이더리움 가격 : 2017년 3월 21일 vs 2017년 6월 7일]

그 이후 A씨로부터 답변이 왔다. 사실 4차 산업혁명을 주제로 강연을 준비중이라고 한다. 회사에서 IOT 관련 일도 한다면서. 그리고 좋은 정보 주셔서 고맙다고. 그리고 3월 22일. 가상화폐 채굴 개념에 대해 카톡으로 알려 드렸다. 역시 예의바른 답변이 왔다. 3월 25일에는 JP모건, MS, 인텔 등 30여 개사가 이더리움 컨소시움을 맺고 기술상용화에 나선다는 내용의 기사를 보냈다. 사실 이것이 EEA의 신호탄이었다. 아시다시피 이후 삼성SDS는 2차 기업리스트 발표에 이름이 거론되었다.

〈 관련 기사 〉
JP모건 · MS · 인텔 등 30여社 新블록체인 동맹
'이더리움' 기반 최초 상용화 목표, "곧 현장에서 블록체인 경험할 수 있을 것"
http://m.econovill.com/news/articleView.html?idxno=310118#064i

역시 A씨의 답변은, '좋은 정보 감사합니다.' 였다. 예의 바른 답변이었지만 다소 형식적인 답변이었다. 3월 27일에는 내가 한 달간 집중 스터디한 자료를 취합해서 보냈다. 자료 제목은 아래와 같다.

〈 A씨에게 보낸 자료들 〉
가상화폐 비트코인 진단과 전망
KT 주간보고서
비트코인을 중심으로 살펴본 암호화폐의 현황과 전망
새로운 생태계

역사상 가장 성공적인 가상화폐 비트코인에 대한 이해
플랫폼의 플랫폼 이더리움
비트코인의 이해와 시사점
금융의 진화, 이더리움을 중심으로

자료를 읽어 보았을까? 그는 "대표님 다음주 중에 소주 한잔 하면서 얘기 나눠요."라는 카톡을 보내왔다.

4월 5일. 대치동의 한 참치집. 물론 참치와 소주잔을 기울이면서 나는 내가 알고 있는 가상화폐에 대한 모든 정보를 알려주었다. 100년 만에 한번 찾아오는 이 기회를 정말정말 그에게 알려주고 싶어서였다.

그러나 그날 이후 그는 말이 없었고, 나 또한 더 이상 이더리움에 관한 일로는 그에게 연락을 하지 않았다. 옛말에 정승판서도 자기가 하기 싫으면 안 한다고 했다. 나로서는 할 만큼 했으니 이제 그의 복에 따라 살겠지.

그리고 4월 28일이 되었다. 나의 투자금 5천만원은 어느덧 1억 5천을 향해 가고 있었다. 모처럼만에 나는 그에게 사진 한 장을 카톡으로 전송했다. 이더리움 상승 그래프였다.

"오, 대박."

"이더리움 그래프인가요?"

"종목명이 뭐예요?"

참 나. 도대체가 IOT 업계에 종사하는 그마저도 이더리움을 주식으로 이해하고 있다니.

5월 13일. 나는 지인들 50여 명을 모아, '나는 가상화폐로 2달 만에 1억 벌었다' 강의를 했다. 그는 다른 일로 바빠서 오지 않았다.

그리고 5월 22일. 그가 먼저 카톡을 보내왔다. 대기업 핀테크 사업부에 근무하는 친구가 관망이라 해서 그냥 지켜보는 중이란 다. 그새 이더리움은 6만원에서 30만원이 되어 버렸다. 5월 13일 강의할 때 이더리움이 11만원이었고, 나는 3월에 예측한 것을 토대로 연말까지는 30만원 갈 거라고 얘기했었는데 보기 좋게 그 예상은 빗나갔다. 불과 일주일 만에 30만원을 찍은 것이다.

전문가들은 늘 관망한다. 많이 아는 것이 병이다. 자동차 엔

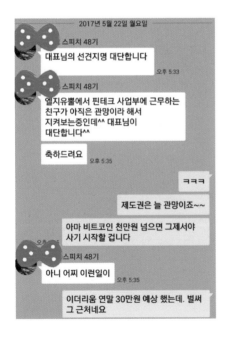

진부터, 타이어, 조향장치의 원리 등을 아는 것은 자동차를 운전하는 것과 큰 상관관계가 없다. 왜 자동차 본넷을 열어 엔진을 살피나? 그냥 타면 되지.^^

증권사에서 비트코인, 이더리움을 분석하는 애널리스트도 늘 관망한다. 제도권은 늘 관망한다. 그들은 위험이 사라지기를 기다린다. 그러나 위험이 사라진 시장은 이미 레드오션이 되어 버린다.

위험이 사라질 때를 기다리는 것보다 더 현명한 것은, 바로 위험을 관리하는 법을 배우는 것이다.

나는 그에게 말한다. '아마 비트코인 천만원 넘으면 기관투자가 들어오기 시작할 것이라고.'

"제가 대표님의 은총을 무시했군요."
"관망만 하다가 한 대 맞은 기분이예요."
"주변에서 너무 올랐다고 망설이는 사람들이 많네요."
"대표님, 11번가에서 파는 채굴기는 어떤 거예요?"

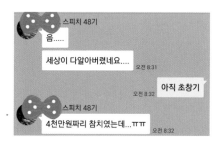

"신기하네요. 무에서 유를 창조하는 연금술 같아요."

A씨 왈, "대표님, 그날 참치가 4천만원짜리 참치였네요."

그가 고백하기를 사실 여유자금이 몇 천이 있는데, 아는 지인이랑 호프집 하나를 해 볼까 생각 중이었다고 했다. 그래서 내 말이 귀에 들어오지 않았었다고. 그리고 5월, A씨와의 2차 참치 회동 이후 그는 호프집에 대한 마음을 접고, 이더리움 채굴을 단행했다. 처음 5대로 시작한 그의 채굴기는 이제 30대가 되었다.

그는 묻는다.

"대표님, 아직도 늦지 않은 거죠?"

Big Picture를 보고 있는 나의 대답은 늘 한결 같다.

"네, 이더리움은 백만원도 넘고, 천만원도 넘을 것입니다. 그것이 이더리움을 보는 저의 견해입니다."

"제가 14만 원일 때
이더리움을 처음으로 샀어요."

이더리움에 관한 글을 두세 번 블로그에 올린 것 같다. 나는 나의 생각을 있는 그대로 올리는 편이다. 맨 처음 이더리움을 살 때 블로그에 글을 올렸었다. 그 글을 읽은 분들이 가끔 내게 전화를 한다. 그날도 그런 전화였다. 그런데 목소리 자체가 많이 지쳐 있었다.

"안녕하세요? 근데 채굴하면 정말 돈이 되나요?"라는 그의 물음으로 시작된 통화는 1시간 동안 이어졌다.

그는 2천만원으로 이더리움이 14만원일 때 처음으로 투자를 시작했다고 한다. 그리고 그가 전화를 할 당시는 28만원 부근. 그렇다면 그의 투자금 2천만원은 4천만원이 되어 있어야 할 터. 그런데 그의 말로는 그의 계좌에는 2천 2백만원이 있다고 한다.

어찌 된 사연일까? 그는 지난 며칠간 이더리움을 사고 팔고를 반복했다고 한다. 주식도 좀 해 본 분이었는데 그야말로 단타 거래에 재미를 붙인 모양이다. 그러나 보시다시피 그 재미에 대한 대가는 참혹하다. 물론 이더리움이 오르는 시기였으니 수익은 났을 것이나 그냥 가만히 내버려 두는 것보다 훨씬 덜한 수익이다.

그리고 그의 말에 따르면 계속 트레이딩 화면을 지켜 보느라 도저히 생업에 종사할 수 없다고 한다. 정신이 피폐해지고, 밥맛도 없다고 한다. 참 안타까운 사연이다. 나는 그에게 처방을 내렸다.

처방 : 지금이라도 이더리움을 사 두고 잊어라. 그리고 한 3년 후에 다시 펼쳐 보라. 당신의 돈은 분명 1억이 넘어 있을 테니.

가상화폐는 절대 단타를 해서는 안 된다. 왜 그런지 지금부터 설명해 주겠다. 당신이 신이 아닌 이상 단타로 돈을 벌 수는 없다. 왜냐하면 가상화폐 시장은 아직 제도권의 감시망 혹은 제도권의 보호 아래 있지 않으므로 소위 말하는 작전이 판을 친다. 제도권 주식시장이야 투기와 작전을 감시하는 금감원 등이 존재하고 작전을 감지하면 바로 모니터링이 들어가며 작전이 확실해지면, 고소 고발 조치하여 법적인 처벌을 받는다.

그런데 가상화폐 시장은 아직 그런 시스템이 없다. 그러므로 작전이 판을 친다. 그렇다면 당신이 그 작전의 주역일까 아니면 그 작전의 희생양이 될까? 과연 당신이 그 작전하는 이들의 머리 위에 있을 수 있을까? 만약 그렇게 생각한다면 그 결과는 참담할 것이다. 당신은 엄청난 대가를 치러야 한다.

위의 사례의 경우 그나마 상승장이었기에 이더리움이 100% 상승할 동안 그는 10%라도 이익을 봤지만, 만약 하락장이었을 경우 10% 하락했다면 어쩌면 당신의 투자금은 반토막이 났을 것이다.

다음 페이지 이더리움 가격 그래프를 보자. 38만원이던 이더리움이 불과 일주일 만에 15만원으로 하락한다. 그리고 또 불과 며칠 만에 34만원을 찍고, 또다시 25만원을 찍었다. 그리고 6월 7일 현재는 30만원 부근에 있다. 자, 앞으로 이 그래프의 움직임을 읽을 수 있는가? 불가능하다. 그러나 내게 이더리움의 향후 10년 그래프를 그려 보라면 대충 그릴 수 있을 것이다. 잔 파도는 보지 못하지만, Big Picture는 보인다.

이 그래프를 보면 누구나 이런 생각을 할 수 있다.

'38만원일 때 팔고, 15만원일 때 샀으면 완전 대박이겠네.'

맞다. 대박이다. 지나고 나서 보면 그렇다. 지난 그래프를 보면서 하는 말을 들으면 누구나 고수다. 그러나 미래를 예측하는 것에 고수는 따로 있다.

주식 방송을 보라. 고수라고 일컫는 자들의 행태를. 그들은 모두 과거 그래프를 보고 미래를 예측한다고 한다. 대부분 반은

[단기적으로 보면 이더리움 가격은 전혀 예측불가인 것처럼 보인다]

맞고 반은 틀리다. 무슨 말인가 하면, 원숭이가 돌림판을 돌려서 나오는 확률과 다르지 않다는 말이다. 나는 주식에 관한 한 어떤 주식의 단기적인 미래를 맞추는 전문가를 본 적이 없다. 차라리 내게 물어보라. 적어도 나는 삼성전자에 대해서는 누구보다 정확하게 예측할 수 있다. 10년 내 천만원이 간다고.

삼성전자가 나왔으니까 말인데. 오늘 시세를 보니 230만원이다. 10년 안에 천만원이 된다. 자, 이더리움은 얼마인가? 30만원이다. 10년 내에 천만원이 된다. 물론 내 예측이 100% 맞다는 말은 아니다. 나는 당신의 투자에 대해 책임도 지지 않을 것이다. 모든 투자는 개인의 선택이고 개인의 책임이다. 돈을 벌어도 당신 것이고, 돈을 잃어도 당신 것이다. 나는 다만 내 생각을 말씀드리는 거다.

자, 이더리움은 장기적으로 오른다. 잔 파도에 휩쓸리지 마라. Big Picture를 이해해야 한다. 결국 이더리움은 오른다. 만약 확신이 들지 않는다면 공부해라. 공부할 때는 나무를 보지 말고 숲을 보는 훈련을 해라. 잔 파도에 집중하면, 대양의 흐름이 보이지 않는다. Big Picture 두 가지. 첫 번째, 안다 → 믿는다 → 산다. 그리고 두 번째, 인공지능의 지불결제수단에서 인간과 인공지능 모두가 사용하는 공통 화폐로서의 가상화폐. 이 두 가지를 명심하라.

1시간 동안의 통화로 그는 이더리움의 전망과 채굴에 대해 알게 되었다. 그렇다면 그의 그 다음 행동은 무엇이었을까? 채굴기를 어떻게 구매하는지 물어오지 않는 걸로 보아 그는 아마도 다음의 2가지 중 하나를 하고 있을 것이다.

첫 번째, 그는 단타를 계속한다. 단타는 중독이다. 이것을 벗어나야 하는데 사람들은 보통 이 맛을 버리지 못한다. 물론 그 결과 또한 당신의 몫이다. 당신은 언젠가 쓰디쓴, 그리고 세상에서 가장 비싼 소주 서너 병을 마시게 될 것이다.

두 번째, 그는 11번가 등을 통해 채굴기를 구매한다. 그의 채굴기는 조만간 멈출 것이다. 오픈마켓이나 중고시장을 통해 당신은 비교적 저렴하게 채굴기를 구매할 것이다. 그리고 잠시 동안 뿌듯할지도 모른다. 그러나 빠르면 일주일, 적어도 한 달 내로 당신의 채굴기는 사망할 것이다. 이것은 매우 흔하게 일어나는 일이다.

"대표님 4천만원이 넘게 올랐네요."

R씨는 호기심이 많은 사람이었다. 물론 여유자금도 좀 있었다. 나와 비슷한 액수였다. 5천만원 정도. 이 분은 처음부터 내 카톡에 큰 관심을 보였다. 그리고 5월 초에 직접 내 사무실 근처로 찾아왔다. 그리고 커피숍에서 약 1시간 동안 가상화폐 및 이더리움에 대한 대화를 나누었다.

그런데 주식투자도 해 본 적 없는 이 분이 그날의 미팅 후에 대뜸 전화가 왔다.

"대표님, 지금 코빗 들어왔는데요. 어떻게 해요?"

그래서 나는 전화로 주문하는 방법을 알려 드렸다. 아니, 주문하는 방법을 알려 드린 게 아니라 그냥 원격으로 이렇게 말했다.

"네, 거기에 XXX 숫자 넣으시구요. 네 그게 이더리움 수량이예요. 네, 그리고 그 아래 XXX 이렇게 쓰세요. 그게 이더리움 가격이예요."

그렇게 그는 11만원에 이더리움 5천만원어치를 샀다. 그리고 며칠 후 이런 카톡이 왔다.

"대표님, 이제 팔까요?"

물어보면 나는 내 의견을 대답한다.

"아뇨, 팔지 마세요."

그는 물론 팔지 않았다. 6월 7일 현재 그의 투자금 5천만원은 1억5천이 되어 간다.

이제사 나는 그에게 말했다.

"이제 한 5천 팔아서 채굴을 시작하세요. 그게 장기적으로 더 큰 수익을 줄 거예요."

처음부터 그는 내 말을 잘 들었다. 물론 그 결과는 좋았다. 그는 이제 채굴을 시작했다. 그리고 매일 채굴되는 이더리움을 보며 뿌듯해한다.

5천이 1억5천이 되면 물론 뿌듯하다. 그러나 그 1억5천은 순식간에 다시 5천 아래로 떨어질 수도 있다. 단기적으로는 말이다. 만약 원금 아래로 투자금이 떨어지면 대부분의 사람들은 입맛이 없어지고 잠을 뒤척인다. 하는 일에도 집중이 되지 않고 매사에 의욕도 사라진다. 그런데 채굴을 시작하는 순간 마음에 평화가 찾아온다. 채굴이 무엇인지 안다면, 이것이야말로 가상화폐의 진가구나 하는 것을 알게 될 것이다.

"일주일 만에 이렇게 오르다니 믿어지지가 않네요."

내 본업은 강사다. 포항공대 컴퓨터공학과를 나온 내가 어찌해서 강사를 하게 되었을까? 참 우여곡절이 많다. 나의 전작 2권을 읽어보셔도 당신 인생에 큰 도움이 되리라 본다. 왜냐하면 재테크도 좋지만, 스스로의 본질에 대해 탐구하고 그것을 찾아나가는 것 또한 큰 의미가 있는 일이니 말이다.

학교를 졸업하고 회사에 취직해서 열심히 일했다. 그런데 내게는 치명적인 콤플렉스가 있었다. 바로 사람들 앞에 서서 말을 할 때면 벌벌 떤다는 것. 그래서 밤새 준비한 자료를 제대로 발표한 적이 없다는 것. 그래서 발표 후에 자괴감에 빠져 그 다음 날 결근을 하기가 일쑤였다는 것. 그러다 며칠 후 대뜸 회사에 사표를 던져 버리는 일이 반복되었다는 것. 덕분에 나는 20년의 직장생활 동안 20번 이직을 하는 사상초유의 기록을 갖고 있다.

그러다 마흔이 넘었고 어느덧 마흔다섯을 향해 가고 있을 즈음. 나는 나의 오랜 콤플렉스인 발표불안과의 정면승부를 결심했다. 왜냐고? 더 이상 갈 곳이 없었다. 잦은 이직으로 얼룩진 내 이력서를 보고 나를 채용할 회사는 더 이상 이 지구상에 존재하지 않았다. 발표 따위는 필요치 않는 대리운전기사, 택배기사를 생각해 보았으나 내 자존심이 허락치 않았다. 교보생명에 2달간 교육을 받았다. 보험설계사를 해 보려는 나의 당찬 결심 또한 나의 자존심 앞에서 처참히 무너졌다.

그래서 나는 이 썩을 놈의 발표불안과 정면승부를 결심했다. 정말 내 인생 마지막 지푸라기를 잡는 심정이었다. 그리고 나는 해냈다. 그리고 지금은 강사가 되었다. 그것도 아주아주 잘 나가는 강사. 시간당 백만원받는 강사.

나는 과거의 나처럼 발표불안으로 힘들어하는 사람들을 돕는 일을 한다. 무료 특강도 한다. 그 중에 하나가 TED꿈이라는 한 달에 한 번 하는 강연행사다. 여기서 한 분과의 인연이 시작된다.

테드꿈에 참석하는 한 분 한 분의 자기소개 시간이 있는데 거기서 K씨는 자신이 한의사라고 소개했다. 나는 대뜸, "아 그래요? 안 그래도 요즘 몸이 좀 찌뿌둥한데 한약이랑 저의 스피치 마스터과정이랑 맞트레이드하실래요?" 이런 농담을 던졌다. "그럴까요?"라고 대답하는 K씨에게 나는 "녹용 들어간 걸로 부탁해요."라고 말했다.

그렇게 시작된 그와의 인연. 한약을 짓기 위해 그의 한의원으로 찾아가 진맥을 하고 침을 맞는 도중 우리는 서로의 꿈 이야기를 나누게 되었다. 나의 꿈이야 뭐 GMS다. Global Motivation Speaker. 세계적인 동기부여강사. 그의 꿈은 선교였다. 더 많은 사람들을 예수님의 품으로 인도하는 것. 나는 종교가 없긴 하지만 신의 존재를 믿는 겸손한 한 인간으로서 그의 숭고한 뜻을 이해한다.

그래서 그에게 이더리움을 소개했다. 그리고 5월 16일 그는 이더리움을 최초로 구매하게 된다. 투자금은 2천만원. 5월 17일인가? 그가 카톡을 보내온다.

"대표님, 50만원 손실이 났어요. 저 어떡해요? 팔아 버릴까요?"

생전 주식투자 정도도 안 해 본 모양이다. 나는 단호히 말했다.

"팔지 마세요!"

그리고 5월 22일. 그가 카톡을 보내 온다.

"대표님 일주일 만에 이렇게 오르다니 믿어지지가 않네요."

그의 2천만원은 일주일 만에 4천만원이 넘어서고 있었다. 그리고 6월 7일 현재 5천만원이 되었다.

"이렇게 쉽게 돈 버는 세계가 있다니 노동의 가치가 허무하네요."

[K씨가 내게 보내 온 계좌 현황 : 5월 16일 입금한 2천만원이 4천6백만원이 되었다.]

그 이후 그가 보내온 또 다른 카톡이다. 정보가 곧 돈이다. 새로운 호기심을 실행으로 옮긴 대가다. 초집중하여 연구해서 핵심을 파악하는 능력을 가진 내게 한약을 지어 준 대가다. 38만원짜리 과정을 들으면서, 60만원이 넘는 보약을 내게 선물한 보답이다.

그의 주변에는 한의사가 많다. 끼리끼리 어울리니깐 말이다.

전문인들은 의외로 새로운 것에 야박하다. 돈을 벌면 건물, 땅 등의 눈에 보이는 부동산에 투자하지, 가상화폐 같은 눈에 보이지 않는 것들에는 잘 투자하지 않는다.

그럼에도 불구하고 그는 과감한 투자를 단행했고 그 꿀맛을 맛보고 있다. 혼자 알고 있기 아까웠나 보다. 한의사 동기들에게 이 기막히고 희한하고 현실이라고 믿기 어려운 세상을 소개해 주고 있단다. 물론 흔한 반응은, "얘, 너 그거 조심해. 위험한 거야. 뉴스도 못 봤니? 그거, 투기야. 해커들도 연관되어 있고, 마약거래에도 쓰이는 거래. 그런 거 하면 안돼." 뭐 이런 거다.

당연한 반응이다. 모르니까. 모르면 두렵다. 우리는 그 두려움을 정당화하기를 원한다. 그리고 멍하니 이더리움이 100만원 넘어가는 것을 지켜보게 되겠지. 그리고 그제서야 이더리움을 투자처로 인식할지도 모른다. 그러나 여전히 그들은 이더리움을 모를 것이다.

다시 한 번 명심하라. Big Picture 1. "안다 → 믿는다 → 산다" 이더리움 100만원이 되면 겨우 '안다' 단계에 접어드는 것이다. 아직도 여전히 갈 길은 멀다.

"대표님 덕분에 수익이 많이 나고 있습니다."

여기 남다른 실행력을 가진 J씨를 소개한다. 그는 5월 12일 내가 진행한 무료 스피치특강에 참석했다. 아~ 2주에 한번씩 무료 스피치특강을 진행하니, 사람들 앞에서 좀 더 편안하게 자신감 있게 당당하게 말하고 싶은 분들은 꼭 한번 들어보기 바란다.

참고 사이트 : http://blog.naver.com/binhw8/220877439932

특강을 듣자마자, 그는 5월 13일 진행하는 스피치마스터과정에 등록했다. 이 과정 역시 추천한다. 수강료는 38만원인데, 78기부터는 현금 38만원 외에 이더리움 1개를 수강료로 받기로 했다. 6월 7일 현재 이더리움 1개는 30만원 정도이지만. 뭐 상관없다. 나는 이더리움이 좋으니까.

참고 사이트 : http://blog.naver.com/binhw8/220872198016

그리고 그날 수업에서, 오후 4시 30분에 '가상화폐 실전투자전략' 1차 특강이 있다고 말해 주었다. 실행력이 남다른 그는 그 강의에도 참석했다.

6월 3일 있었던, 2차 특강 강의 내용 일부를 공유한다.

참고 사이트 : http://cafe.naver.com/speechmastercafe/544

강의를 들은 그가 한 일은? 그날 저녁 바로 비트코인 천만원. 이더리움 천만원에 투자한다. 그리고 그 다음 수업인 5월 19일. 그는 투자 원금의 2배에 가까운 수익을 거둔다. 수업 후에 나는 그에게 이더리움 거래와 채굴의 차이점에 대해 설명해 주었다.

역시 실행력이 강한 그는 나의 지침대로 채굴을 시작했다. 그는 채굴기를 점점 더 늘려가고 있다. 그는 그의 실행력에 따른 보답을 받을 것이다. 아니 이미 받고 있다. 처음에는 듣지도 보지도 못한 이더리움에 대한 투자를 반대하던 그의 아내도 이제는 채굴에 관심을 보인다고 한다. 아직 내 강의를 듣지 못했으니, 이해도는 높지 않겠지만 말이다.

앞으로도 일반인 대상으로 '가상화폐로 지속적인 수익 올리기-가상화폐 실전투자전략' 강의를 계속할 생각이니 내 블로그를 통해 일정을 보고 참여하기 바란다. 강의를 통해, 이 Big Picture에 먼저 동참하기 바란다.

"빈대표, 은행에 있는 내 후배가 말이야.
채굴기에 투자해 보라고 하던데."

3월에 지인들 10여 명에게 가상화폐, 비트코인, 이더리움에 대한 내용을 카톡으로 보내 드렸다. 그리고 그 이후, 가상화폐를 그냥 사는 것보다 채굴하는 것이 훨씬 수익성과 안정성이 탁월하다는 내용도 보내 드렸다. 대부분은 반응이 없었다. L씨도 반응이 없었던 분 중 한 분이었다. 뭐 L씨야 이미 강남에 건물이 있고 매출 수백억의 회사를 가진 오너니깐 그럴 만도 하다.

그런데 이 분이 5월 13일 특강에 참여하셨다. 그 이유를 물으니,

"빈대표, 은행에 있는 내 후배가 말이야. 채굴기에 투자해 보라고 하던데."라고 대답하신다.

"그런데 말이야. 그 친구 말로는 천만원으로 채굴기에 투자하면 월 70만원 정도 수익이 난다던데. 이 친구 믿을 만한 친구거든. 근데 빈대표가 더 믿을 만하단 말이야. 빈대표. 이 친구 이거 정말 믿을 만해? 아니, 빈대표 말을 들자면 현재 300만원 정도

수익이 난다는데, 그 친구 너무 많이 남겨 먹으려고 하는 거 아냐?"

자, 이 분의 말에 대해 해석을 좀 해 보겠다. 채굴기의 원래 수익률은 1000만원에 70만원 정도가 맞다. 즉, 이더리움을 예로 들자면 2017년 2월 즈음에 채굴기 한대당 300만원 정도 했고, 이 채굴기 하나로 이더리움 10개 정도를 캤고, 이더리움이 그때 2만원 했으니 20만원의 수익이 났다. 그러니 1,000만원을 투자하면 얼추 70만원 수익이 나는 것이 맞다.

그런데 2017년 6월 현재를 보면 채굴기 한대당 360만원 정도이고, 이 채굴기 하나로 이더리움 3개 정도를 캐고 이더리움이 30만원하니 90만원의 수익이 난다. 그러니 1,000만원 투자하면 250만원 정도의 수익이 난다.

즉, 그 후배가 정말 믿을 만한 사람이 맞다면 올해 초의 데이터를 그냥 말한 것이다. 혹은 너무 수익이 많이 난다고 얘기하면, 즉 1000만원에 70만원도 말도 안 되는 수익인데, 1,000만원에 250만원이라고 얘기하면 다들 "장난하냐?"라는 투로 받아들일까 봐 낮춰서 얘기한 것일 수도 있다.

또한 더 선량한 관점으로 그 후배를 해석하자면, 지금 1,000만원에 250만원의 수익이 나는 상황은 현실이긴 하지만 매우 비정상적인 상황이고 시간이 지나면, 1,000만원에 70만원 정도로 안정화될 것이기에 아주 보수적인 관점에서 말한 것일 수도 있다.

어쨌든 L씨는 주식투자에 대해서는 부정적인 생각을 갖고 있었기에 처음부터 이더리움을 사는 것에는 관심이 없었던 것 같다. 그러니 내가 보낸 카톡에 무반응이었을 것이다. 그런데 금융권에 있는 믿을 만한 후배가 채굴기 얘기를 하니 문득 내가 보낸 카톡이 떠올랐을 것이고, 내가 하는 강의에 왔을 것이다. 그리고 지금은 채굴에 참여하고 있다. 그것도 아주 많이. 그래서 아주 많이 캐내고 있다. 황금 같은 이더리움을!!!

그는 장난삼아 나를 "회장님"이라고 부른다. 조만간 내가 자기보다 더 부자가 될 것이라고 한다. 왜냐하면 자기는 21대로 채굴을 하는데 나는 84대로 채굴을 하니 말이다.

"에이, 맘 같아서는 한 100대로 팍팍 캐보고 싶은데, 내가 또 기업에 더 신경을 써야지 않겠어?"

또 한편으론 이렇게 말한다.

"아니, 강남에 있는 건물 말이야. 그 임대료 몇 푼 나오는데 여간 신경 쓰이는 게 아니거든. 그거 싹 정리하고 그냥 채굴기나 살까 봐."

아무튼 나는 내가 아는 정보를 드렸을 뿐이고, 선택과 책임은 그분의 몫이다. 이 책을 읽는 모든 분들에게도 하고 싶은 말이다. 나는 황금알을 낳는 거위를 키우고 있고 그런 거위가 실제로 존재한다는 사실을 이 책을 통해 여러분들에게 알려 드릴 뿐이다. 선택과 책임은 당신 몫이다. 돈을 벌어도 당신 몫이고 돈을 잃어도 당신 몫이다.

"이더리움으로 수강료를 받습니다."

채굴을 시작한 분들끼리 가끔 정보도 나누는 차원에서 치맥을 한다. 그런데 거기서 하나의 아이디어가 나왔다. 스피치마스터과정 수강료를 이더리움으로 받으면 어떻겠냐는 것.

"유레카!!!"

그 말을 듣는 순간, 나에게 들리는 외침이었다. 시도하지 않을 이유가 없다. 당장 실행에 나섰다.

그날 참여한 분들 중에 경제지에 지인이 있는 분이 있어 이 사실을 알렸더니 이런 반응이 왔다.

매일경제뿐만 아니라 MBN 등에서도 관심을 보이고 있다. 뭐 기사로 나갈지 방송으로 나갈지는 아직 모르겠지만 내가 이런 시도를 하듯이, 앞으로 이와 비슷한 시도가 많이 행해질 것이다. (원고를 다시 검토하고 있는 중에 이미 한국경제TV에서 이더리움 수강료 관련 취재를 해 갔다.)

수강표가 38만원인데, 이더리움으로 결제하면 더 싸게 할 수 있다. 그래도 나는 이더리움으로 결제받으면 더 좋겠다. 왜일까? 아직도 모르는가? 나는 이더리움을 28만원, 30만원으로 보는 게 아니다. 100만원 혹은 1,000만원으로 보고 있는 것이다.

Big Picture를 이해하고 있는 자만이 가질 수 있는 비전이다.

교육개요

78기 : 6월 10일~7월 1일
(토요일 과정, 4주간 10시~12시30분)
비용 : **38만원 or 1이더리움**   0xC96571ba7452a47912179c177439050af109D97c
인원 : 9명 (입금순입니다. 늘, 조기 마감 됨을 참고 바랍니다)
신청방법 : 계좌입금 / 우체국 014035-02-090845 (빈현우)
입금 후 문자신청 : 스피치 ○○기/홍길동 (010-9980-9745 빈현우)

(위의 공고는 스피치마스터과정 78기 모집 공고입니다. 분명히 공고를 낼 때는 이더리움이 28만원이었습니다. 그런데 모집되는 와중에, 이더리움이 40만원이 넘어 버렸네요. 참 나~ 이더리움으로 결제하는 메리트가 사라져 버린 거죠. 그리고 최종 원고를 수정하고 있는 지금은 6월 16일이고, 현재 이더리움은 43만원이네요. 어떡하죠? 수강료를 0.5이더로 받아야 하나? 고민이네요.^^)

아, 그리고 한국경제TV에서 매일경제보다 먼저 취재를 왔다. 기자가 물었다.

"왜 이더리움으로 받으시는 건가요?"

나는 대답했다.

"네, 이더리움이 훨씬 더 가치 있다고 생각해서입니다."

기자가 다시 물었다.

제8장 가상화폐를 대하는 다양한 관점들   177

"그럼 이더리움으로 수강료를 받은 사례가 있나요?"

내가 대답했다.

"안타깝게도 없습니다. 이더리움이 너무 빨리 올라서요. 제 예측은 늘 이더리움 속도를 따라가지 못합니다."

그렇다. 어쩌면 나조차도 이더리움을 과소평가하고 있는지도 모르겠다.

제9장

Q&A

BITCOIN
ETHEREUM

채굴량이 급격히 감소하는데 이러다 채굴량 '0'이 되지는 않을까요?

Q 최근의 채굴량 데이터를 뽑아봤습니다. 채굴량이 일정 비율로 줄고 있었습니다. 엑셀에 넣고 계산해 보니, 매일 1.5%씩 채굴량이 줄고 있습니다. 이러다 채굴량이 '0'이 되지는 않을까요?

A 채굴량이 1.5%씩 줄어든다는 것은 매우 객관적인 데이터로 보입니다. 실제로 2017년 5월 30일부터 6월 8일까지의 10일 동안의 채굴량은 다음과 같습니다.

0.1299 → 0.1280 → 0.1260 → 0.1242 → 0.1224 → 0.1205 → 0.1188 → 0.1711 → 0.1153 → 0.1136.

자, 최초 데이터는 0.1299에 0.985를 곱하고, 또 그 값에 0.985를 곱하고, 이렇게 하면 그 결과값이 다음과 같이 나옵니다.

0.1299 → 0.1280 → 0.1260 → 0.1242 → 0.1223 → 0.1205 →

$0.1186 \rightarrow 0.1169 \rightarrow 0.1151 \rightarrow 0.1134.$

보시다시피 실제 데이터와 놀랍도록 일치합니다.

그러므로 일반적으로 채굴량이 매일 1.5%씩 줄어든다고 추론할 수 있으며 1년 후, 즉 2018년 5월 31일에는 하루에 0.0005 이더리움을 채굴하게 됩니다. 거의 '0'에 수렴하고 있죠.

자, 그럼 채굴을 중단해야 하는 걸까요? 그렇지 않습니다. 위의 채굴량 1.5% 감소가 매우 합리적인 추론처럼 보이지만 그렇지 않습니다. 아래 좀 더 객관적인 추론을 해 보도록 하겠습니다.

먼저 위에서 추론한 데이터는 기간이 너무 짧습니다. 즉, 5월 30일부터 6월 8일까지의 데이터를 가지고 미래를 추론한 것입니다. 좀 더 큰 데이터를 보도록 하겠습니다. 2017년 1월 1일부터 2017년 5월 30일까지의 데이터를 비교해 보겠습니다. 2017년 1월 1일의 하루 채굴량은, 0.4개였습니다. 그리고 2017년 5월 30일의 데이터는 0.1299입니다. 자, 만약 매일 1.5%씩 감소해 왔다면 2017년 1월 1일의 채굴량 0.4에 0.985를 계속 곱해가면 대충 150일 후쯤에 0.1299에 근접한 값이 나와야 합니다. 그래야 '매일 1.5% 감소해 왔으니, 앞으로도 매일 1.5%씩 감소할 것이다.'라는 추론이 맞게 되는 것입니다.

그런데 2017년 1월 1일 매일 채굴량 0.4에 0.985를 150번 곱했더니, 0.0420이 나옵니다. 즉, 매일 채굴량이 1.5%씩 감소한다는 것은 잘못된 추론입니다. 그렇다면 지난 5개월간 얼마만큼의 속도로 감소해 왔을까요? 즉, 최초 2017년 1월 1일 매일 채굴량 0.4

에 어떤 값을 150번 곱하면, 0.1299가 되는 것일까요? 저는 엑셀 시뮬레이션을 통해, 그 magic number가 0.992라는 것을 알아냈습니다. 즉, 매일 채굴량 감소율은 1.5%가 아니라, 0.8%였던 것입니다.

자, 다시 한 번 말씀 드립니다. 2017년 1월 1일부터 2017년 5월 30일까지 매일 0.8%씩 채굴량이 감소해 왔습니다. 자, 그렇다면 채굴을 중단해야 할까요? 당신의 판단에 도움을 드리기 위해, 하나의 표를 만들어 보았습니다.

즉, 2017년 1월 1일 하루 채굴량 0.4개에 그 당시 이더리움 가격 10,000원을 곱하면 하루 채굴액이 나오는데, 4,000원입니다. 이것을 한 달로 환산하면 12만원. 2017년 초의 월 채산성은 12만원이었습니다.

	2017년 01월 01일	2017년 05월 30일
하루 채굴량	0.4 개	0.1299 개
이더리움 가격	10,000 원	300,000 원
하루 채굴액	4,000 원	39,970 원

그리고 2017년 5월 30일 하루 채굴량 0.1299에 그 당시 이더리움 가격 300,000원을 곱하면 하루 채굴액이 나오는데, 39,970원입니다. 이것을 한 달로 환산하면 1,199,100원!!! 즉, 2017년 5월의 월 채산성은 무려 120만원 정도. 채산성이 무려 10배나 상승했

습니다.

　그리고 이 글을 쓰는 6월 12일 오전 5시 58분 현재, 코빗 기준 이더리움 가격은 389,100원입니다. 즉, 너무나 객관적인 데이터로 보건데 이더리움 채굴량 감소 속도보다는 이더리움 가격 상승률이 10배 이상 더 크다는 것입니다. (물론 그렇다고 해서 반드시 앞으로도 그렇다는 뜻은 아닙니다. 다만, 좀 더 합리적인 추론을 위해 광범위한 과거의 데이터를 근거로 계산을 해 본 결과입니다.)

　개인적인 의견을 좀 더 추가하자면 앞으로도 당분간 이 현상은 지속될 것으로 보입니다. 연초 1만원에서 5월 30만원처럼 6개월 만에 30배씩 상승하지는 않을지라도, 조만간 이더리움은 100만원을 넘고 300만원을 넘고 결국 1,000만원을 넘어갈 것입니다.

　그리고 여기서 하나만 더 짚고 넘어가죠. 1월에 캔 이더리움 12개는 그 당시 가격 10,000원을 곱하면 12만원이 되지만, 오늘 현재 가격을 곱하면, 4,669,200원입니다. 그리고 만약 이더리움이 정말 천만원이 된다면 1월에 캔 이더리움 12개는 1억2천만원이 됩니다. 물론 5월에 캔 3.9개의 이더리움 또한 3천9백만원이 되는 것입니다.

　자, 이제 판단은 당신의 몫입니다.

2

POS 전환되면 더 이상 채굴이 되지 않는다는데 그래도 채굴이 답인가요?

Q 이더리움에 대해 공부를 하다 보니 POW 방식이 조만간 POS 방식으로 전환된다고 하는데, 그렇게 되면 더 이상 채굴을 할 수 없지 않을까요? 저도 채굴을 시작해 볼까 하는데, POS 전환 때문에 정말 판단이 안 서요.

A 일단 최대한 알기 쉽게 설명 드리겠습니다. POW는 Proof of Work의 약자입니다. 작업증명, 즉 일을 한 대가로 이더리움을 받는 방식입니다. 채굴을 말하는 것입니다. POS는 Proof of Stake의 약자입니다. 자산증명, 즉 이더리움을 가지고 있으면 그에 비례해서 이더리움을 받는 방식입니다. (반드시 비례하지는 않으며 단지 이더리움을 가지고 있다고 해서 이더리움을 받을 수는 없습니다. 이더리움을 보유한 수량이 많으면 더 많은 비율로 이더리움을 받게 되며, 단지 가지고 있는 것이 아니라 네트워

에 참여해야 합니다.)

현재 발표된 일정으로는 2017년 8월경부터 POS로 전환된다고 합니다. 그럼, 더 이상 POW 방식은 작동하지 않는 걸까요? 자, 역시 여기서 한 번 살펴보겠습니다.

비탈릭 부테린을 중심으로 한 이더리움 개발진은 이더리움의 POS 전환을 위해 노력해 왔습니다. 그리고 POS 전환 일정을 발표해 왔습니다. 최근 그 일정은 지속적으로 연기되어 왔는데요. 비탈릭 부테린도 인간인지라, 그리고 요즘 보니깐 러시아의 푸틴 대통령도 만나고 이런저런 발표나 세미나에도 참석하고 몸이 하나다 보니까 대외활동하랴, 개발하랴 정말 바쁠 것입니다. 그래서 2017년 2월 → 2017년 5월 → 2017년 8월 이런 식으로 POS 전환 일정이 계속 늘어지고 있는 것입니다.

그렇다면 2017년 8월에는 가능한 걸까요? 저의 개인적인 의견으로는 "NO"입니다. 아마 2017년 연말이나 2018년 연초로 연기되지 않을까 싶습니다. 기술적으로 보면 여러가지 난제들이 산재해 있고, 애지중지 키워 온 이더리움이 한순간의 실수로 폭락하거나 하는 것을 그 또한 원치 않을 것이기에 이 난제들을 깔끔하게 해결하지 않는 한 쉽사리 POS 전환을 할 수 없는 것입니다.

그리고 POS 전환을 하더라도 결코 "자, 오늘부터 POS 시작!" 이런 식으로 이루어질 수 없습니다. 아무리 테스트를 반복해서 검증된 기술이라도 실제 상황에 가면 예측하지 못한 수많은 문제점이 발생하게 됩니다. 따라서 결코 어느 날 갑자기 POS 전환이 이루어질 수는 없습니다.

즉, 서서히 POS로 전환될 것입니다. 이런 식이죠. 가장 현실적인 날짜인 2018년 1월 1일부터 POS 전환이 된다고 합시다. 전체 채굴량의 1% 정도만 POS 방식으로 진행해 봅니다. 아차! 만약 조금의 문제라도 생기면, 다시 POS를 중단합니다. 그리고 테스트넷 등에서 열심히 그 문제를 해결합니다. 그리고 다시 1% POS를 가동시켜 봅니다. 오케이! 그렇게 쉽게 되진 않겠지만, 만약 1% POS가 작동하면 이제는 2% 정도의 POS를 가동시켜 봅니다. 역시 위와 같은 과정을 거칩니다.

자, 이런 식으로 POW에서 POS로 점진적으로 전환되게 되며 예측한 문제, 예측하지 못한 문제들로 인해 역시 제 개인적인 의견으로는 POW에서 POS로 완전히 전환되기까지는 적어도 3년은 걸릴 것으로 보입니다. 적어도 말이죠.

물론 이더리움이 완전히 POS 전환이 되기 전까지는 이더리움 채굴은 여전히 유효합니다. 왜냐하면 POS 전환율이 높아질수록 이더리움은 점점 천만원에 근접해 가고 있을 테니까요 (POS 전환이 된다는 자체가 이더리움 기술의 검증이기 때문입니다).

그리고 만약 POS 전환이 완전히 100%가 된 이후에는, 이더리움 채굴기로 다른 알트코인을 채굴해도 됩니다. 대표적인 후보가 이더리움클래식입니다. 현재로선 이더리움클래식은 POS 전환계획이 없습니다. 예측하기로는 이더리움이 천만원을 향해 가면, 이더리움클래식은 백만원을 향해 가지 않을까 합니다. 그리고 현재 새로 만들어지는 획기적인 기능이 탑재된, 예를 들면 Golem, Gnosis 등 알트코인들은 모두 이더리움 플랫폼을 기반으로 만들어지기 때문에 이더리움 채굴기로 이러한 이더리움 기반의 알트코인을 채굴하는 것은 간단한 부품 교체 혹은 간단한 프로그램 교체로 쉽게 할 수 있습니다. 현재 이더리움을 채굴하는 채굴기로 제트캐쉬(ZCASH) 채굴이 가능하며, 이더리움클래식 또한 간단한 부품교체로 채굴이 가능합니다. 2017년 6월 기준, 제트캐쉬, 이더리움클래식 모두 월 40만원~50만원 정도의 채산성이 있는 것으로 파악됩니다. 즉, 채굴자의 입장에서 보자면 예상보다 빠른 이더리움의 POS 전환은 큰 리스크이기도 합니다만, 그에 대한 다양한 대안 또한 존재합니다.

즉, 이더리움이 POS로 전환되어도 다양한 대안들이 존재합니다. 자, 이제 역시 선택은 당신의 몫입니다. 물론 그 결과도 온전히 당신의 몫입니다.

3_
최근 기사를 봐도 그렇고
정말 많은 사람들이 채굴에 나서고 있는데,
지금 시작해도 늦지 않을까요?

Q 많은 사람들이 채굴에 나서면 그만큼 한 채굴기에 분배되는 이더리움의 양이 줄어들 것입니다. 최근 기사를 보니 정말 많은 사람들이 채굴에 나서고 있는데, 지금 시작하면 늦지 않을까요? 현재로서는 엄청난 수익률을 가져다 주는 것 같은데, 제가 들어가면 그때부터 수익률이 떨어지지 않을까 염려됩니다.

A 네, 타당한 염려입니다. 채굴기가 늘지 않아도 어차피 채굴 난이도는 상승하게 되어 있습니다. 따라서 채굴량도 줄어듭니다. 게다가 채굴기가 늘어나게 되면, 질문 주신 대로 한 채굴기에 분배되는 이더리움 양이 줄어들게 됩니다. 당연한 사실입니다.

수요와 공급의 법칙은 가장 자연스런 인간의 행동이 낳은 결과입니다. 즉, 현재 360만원 정도 하는 채굴기로 채굴을 하면, 한 달에 약 3개 정도의 이더리움이 캐지고 이더리움 가격 35만원만 곱해도 월 100만원이 넘는 수익이 발생합니다. 즉, 4달도 채 되지 않아 원금이 확보되고 그 이후에도 2년여간 지속적으로 이더리움 채굴을 할 수 있으니 그야말로 노다지인 셈이죠.

그런데 이런 노다지를 사람들이 알게 된 이상 가만히 놔둘까요? 게다가 최근 뉴스 등에서도 슬슬 채굴에 대한 기사를 심심찮게 볼 수 있습니다. 용산전자상가에 GPU가 동이 났다느니 하는 기사는 앞으로 더 보게 될 것이고 저 같은 사람이 신문, 뉴스, 방송에 나와 이더리움과 채굴에 대해 말하기 시작할 것입니다.

그러면 여기에 사람이 몰리고 돈이 몰리는 것은 당연한 이치입니다. 당연히 채굴기는 늘어나겠죠. 그리고 당연히 채굴하는 숫자는 줄어들겠죠. 물론 이더리움 가격은 지속적으로 상승할 것이고, 만약 이더리움 상승이 채굴기 상승 속도보다 더 높다면, 어쩌면 현재의 월 100만원 이상의 수익은 유지될지도 모릅니다. 다만 채굴기 가격이 상승할 수는 있겠네요. ^^

저는 이렇게 봅니다. 역사적으로 볼 때, 누구나 접근할 수 있는 월 30%의 수익률은 없었습니다. 따라서 이 상태는 오래 지속되지는 않을 것입니다. 어쩌면 1년 안에 이 수익률은 월 10% 정도로 줄어들 것입니다. 그래야 합니다. 그것이 정상입니다. 가상화폐라는 다소 위험할 수 있는 아이템, 그리고 생소한 채굴기 등의 위험을 감수한 대가로 월 10% 정도의 수익률은 타당합니다. 물론 월 수익률이 10%라 할지라도 대단한 수익률입니다.

현재 월 30%의 수익률은 일시적인 것입니다. 다만 월 10% 정도의 수익률은 지속 가능한 수익률이 될 것입니다. 자, 이제 당신의 선택이 남았습니다.

4_
이더리움 말고 다른 코인을 캐는 것은
어떨까요?

Q 이더리움이 나오기 전에 많은 사람들이 비트코인을 채굴한
  것으로 알고 있습니다. 그리고 지금은 다른 많은 코인들도
나오고 있는 것 같습니다. 이더리움 말고 다른 코인을 캐는 것은
어떨까요?

A 네, 당연히 가능합니다. 실제로 아직까지 비트코인을 캐는
  사람들도 많이 있습니다. 채산성이 이더리움만큼 그렇게
높지는 않지만, 여전히 비트코인의 가능성을 믿는 사람들은 채
산성에 연연하지 않고 비트코인을 캡니다. 비트코인의 미래를
믿기 때문이죠.

  이처럼 만약 당신이 이더리움 말고 다른 코인을 연구해서 정
말 그 코인의 미래를 믿는다면, 채산성에 관계없이 그 코인을 캐
도 됩니다. 실제로 라이트코인, 이더리움클래식, 제트캐쉬 등을

캐는 사람들도 있습니다. 물론 현재로서는 채산성이 이더리움을 따라오지는 못합니다.

제가 이더리움만을 캐는 이유는, 이더리움을 믿기 때문입니다. 제가 아는 한도 내에서는 이더리움이 진정한 블록체인이고, 비트코인이 야후라면 이더리움은 구글입니다. 다른 가상화폐들이 앱이라면 이더리움은 앱스토어입니다. 즉, 다른 모든 가상화폐들이 놀 수 있는 플랫폼을 제공하는 것이 바로 이더리움이 된다고 봅니다.

수많은 기업들의 EEA 가입 추세를 보면 이것을 알 수 있습니다. 앞으로는 너도나도 이더리움재단에 기부하고 자신들이 필요로 하는 기능을 먼저 구현해 줄 것을 청탁(^^)하게 될 것입니다. 이더리움의 수요는 폭발적으로 늘게 될 것이며, 추후 POS 방식으로 전환하게 되면 결국 자산증명(지분증명) 방식으로 이더리움을 발행하게 될 것인데 이때 이더리움을 1,000개 이상 보유한 사람은 엄청난 특혜를 누리게 될 것입니다.

이것이 제가 이더리움만을 채굴하는 이유입니다. 판단은 당신의 몫입니다.

5_
비트코인이 이더리움보다 가격이 더 높으니
비트코인을 채굴하는 것이 더 낫지 않나요?

Q 만약 비트코인도 채굴이 된다면, 비트코인 가격이 워낙 높
으니 한 달에 1비트코인만 채굴되어도 3백만원이잖아요.
비트코인이 이더리움보다 가격이 더 높으니 비트코인을 채굴하
는 것이 더 낫지 않나요?

A 네, 현재 비트코인은 300만원이 넘고 이더리움은 40만원이
넘는 수준입니다. 만약 채굴량이 비슷하다면 당연히 비트
코인을 채굴하는 것이 더 나을 겁니다. 자, 같은 사양의 채굴기,
즉 400만원하는 채굴기로 비트코인과 이더리움을 캔다고 합시
다. 이때 비트코인의 채굴량은 한 달에 0.1개, 이더리움의 채굴
량은 한 달에 3개 수준입니다. 즉, 채굴량이 다릅니다. 따라서 비
트코인을 채굴했을 때는 30만원, 이더리움을 채굴했을 때는 120
만원의 수익이 납니다(2017년 6월 10일 현재 기준입니다. 비트코

인 및 이더리움을 둘러싼 제반 상황에 따라 채굴량 또한 급격한 변동이 생길 수도 있으니, 책이 나온 이후의 상황에 대해서는 카페를 통해 최신 정보를 파악하시기 바랍니다).

더 이상 설명드리지 않아도 되겠지만 굳이 설명을 덧붙이자면 비트코인은 수익률, 즉 채산성이 낮아서 신규로 채굴하는 분들은 비트코인을 채굴하지는 않습니다. 다만 예전부터 비트코인을 채굴해 왔던 분들은 비트코인을 계속 채굴하기도 합니다. 소위 말하는, 비사모(비트코인을 사랑하는 사람들의 모임) 회원이라면 계속 비트코인을 채굴할 수도 있는 거죠. (^^)

6_

인터넷 보니깐 채굴기를 팔던데 그걸 사서
채굴을 하는 건 어떨까요?

Q 인터넷에서 채굴기를 검색하면 많은 글들이 나옵니다. 오
   픈마켓 등을 통해 채굴기를 팔던데 그걸 사서 채굴을 하는
건 어떨까요?

A 역시 개인의 선택이라고 봅니다. 다만 저는 절대 그렇게 하
   지는 않습니다. 본문에서도 말씀드렸지만 저는 포항공대
컴퓨터공학과를 나왔습니다. 학부 때는 OS(컴퓨터 운영체제)를
전공했고, 컴파일러를 설계하기도 했습니다. AI(인공지능) Lab에
서 연구도 했습니다. 졸업 후에는 아주 잘 나가는 시스템 엔지니
어로 근무한 적도 있습니다. 또한 네트웍 엔지니어로도 근무했
고, 보안회사에서 연구소장을 한 적도 있습니다. 이런 저도 채굴
기는 잘 모르겠습니다.
  물론 아는 척하려면 그 누구보다도 능수능란한 썰(^^)을 풀

수도 있습니다. 그러나 저는 공자님 말씀대로, '시지위시지(是知爲是知) 부지위부지(不知爲不知)' 합니다 . 즉, 아는 것은 안다고 하고 모르는 것은 모른다고 합니다. 저는 채굴기를 잘 모릅니다. 채굴기 작동 프로그램도 잘 모르고 채굴기 하드웨어도 잘 모르고 프로그램이 작동하지 않을 때 어떻게 해야 하는지, 하드웨어가 뻑(^^)이 났을 때 어떻게 다루어야 하는지도 모릅니다.

물론 공부하면 알 수도 있습니다. 저는 대충 아는 것은 아는 것이 아니라고 생각하기에 채굴기를 제대로 알려면 치열하게 연구하고 공부해야 한다고 생각합니다. 그러나 저는 채굴기를 공부하지 않습니다. 그 시간에 가상화폐를 둘러싼 주변환경, Big Picture, 이더리움의 시장성, 기업 동향 등을 파악하는데 주력합니다. 그게 훨씬 더 효율적이니까요.

벤츠를 샀으면 그냥 타면 됩니다. 왜 굳이 벤츠 본넷을 열고 엔진 설계도를 뜯어보며 차를 들어 올려 동력전달장치를 살펴보는지 모르겠습니다. 저는 그냥 벤츠를 즐기겠습니다.

만약 당신이 인터넷에서 채굴기를 구매하여 당신의 거실, 당신의 사무실에 들여 놓으면 한동안은 뿌듯할 수도 있습니다. 그러나 거실의 청결도, 온도 등에 따라 채굴기는 영향을 받을 것이며, 채굴기 소음에 당신이 영향을 받을 것이며, 당신의 한 달 전기세는 누진될 것이며, 혹시라도 채굴기가 버벅대기라도 한다면, 혹시라도 채굴기가 해킹이라도 당한다면, 그 순간 당신은 멘붕에 빠질 것입니다. 그리고 당신이 애지중지하는 그 채굴기 덕분에 많은 시간과 기회비용을 날릴 것입니다.

저는 절대로 채굴기를 개인소장하지 않습니다. 당신이 포항
공대 컴퓨터공학과 나온 저보다 더 잘할 자신이 있으면, 직접 채
굴기를 한 번 다루어보셔도 좋습니다!

7_
현재 채굴기 가격은 얼마인가요?

Q 인터넷을 아무리 뒤져 봐도 자세한 내용을 모르겠어요. 이
런저런 글들은 많은데 구체적인 데이터도 없고 채굴기 가
격이 나와 있기는 한데, 사양을 봐도 무슨 말인지도 모르겠어요.
현재 채굴기 가격은 얼마인가요?

A 네, 인터넷을 보면 채굴기 관련 다음과 같은 글들이 있을
것입니다.

1) 채굴기를 사세요. 대당 XXX원입니다.

2) 공동채굴을 합시다. XXX에 채굴공장이 있습니다.

3) 해쉬파워를 사세요. 10만원부터 가능합니다.

4) 채굴기를 사서 관리를 맡기고 그룹마이닝을 하세요.

하나하나 살펴보겠습니다.

1) 채굴기를 사세요. 대당 XXX원입니다.

위에서 언급했다시피 저는 감히 제가 직접 채굴기를 돌리지는 못하겠습니다. 그리고 이 채굴기가 제대로 작동할 것인지, 한 달 후에 혹은 세 달 후에 돌다가 뻗어버릴 것인지, 그럴 경우 AS는 과연 제대로 해줄 것인지, 그래서 가격 불문하고 권하지 않습니다.

2) 공동채굴을 합시다. XXX에 채굴공장이 있습니다.

채굴기는 고성능컴퓨터입니다. IBM같은 고성능컴퓨터가 있는 전산실 같은 곳을 가보셨나요? 기본적으로 AVR, 즉 안정적인 전원공급장치가 있어야 합니다. 일반적으로 전기는 정확히 220V가 아닙니다. 215V~225V일 수도 있고 혹은 그보다 범위가 클 수도 있는데, 때로는 매우 불안합니다. AVR은 이 전기를 안정적으로 220V로 공급해 주는 장치입니다. 채굴공장에 AVR이 있다면 일단 1차 통과.

UPS도 있어야 합니다. 무정전 전원공급장치입니다. 2017년 6월 11일, 서울 서남부와 경기도 일대에 사상 초유의 정전사태가 발생했습니다. 신호등이 먹통이 되고 엘리베이터가 멈추는 등 난리가 났죠. 이런 정전 상황에서도 전원을 안정적으로 공급할 수 있는 장치가 UPS입니다. 아시죠? 갑자기 정전이 되서 잘 돌아가던 컴퓨터가 정상적으로 셧다운되지 않고 갑자기 멈추면, 심각한 타격을 받는다는 거? 당신의 소중한 채굴기가 알 수 없는 고장으로 고철로 변해 버릴 수도 있는 순간입니다. 만약 채굴공장에 UPS가 있다면 2차 통과.

고성능컴퓨터는 온도에도 민감합니다. 그러므로 항온항습기도 필수. 선풍기요? 장난합니까? 애들 소꿉장난도 아니고. 자, 항온항습기가 있다면 3차 통과.

또한 공기청정기도 있어야 합니다. 먼지는 치명적입니다. 공기청정기가 있다면 4차 통과.

그리고 채굴공장에 있는 엔지니어의 실력도 검증하셔야 합니다. 어떻게 검증할 건가요? 이력서로? 면접으로? 암튼 엔지니어가 정말 실력이 있다면 5차 통과.

그밖에도 관문은 많지만, 마지막으로 하나만 더 말씀 드리겠습니다. 채굴기 숫자가 1만대는 되어야 합니다. 왜냐하면 채굴기는 고장률이 매우 높습니다. 최근까지 평균 고장률이 20%입니다. 즉, 100대 중에 평균 20대는 서 있는 겁니다. 사실 이 이유 때문에 개인채굴을 비추하는 것입니다. 물론 기술은 나날이 좋아지므로 지금은 많이 개선되어가고 있습니다만 여전히 고장률은 10%를 상회합니다. 즉, 평균가동률이 90% 미만이라는 것입니다. 그러므로 적어도 채굴기가 1만대는 넘어야 다른 채굴기들이 고장나도 돌아가는 채굴기로 채굴량을 보상해 줄 수가 있습니다. 10%, 20%는 어디까지나 수학적 확률일 뿐, 실제로는 채굴기 100

대가 동시에 서버릴 수 있는 것입니다. 즉, 통계적 확률이 수학적 확률에 근접하려면 그 숫자가 일정 규모 이상이 되어야 하는데, 저는 그 숫자를 1만대로 보고 있습니다. 자, 공동채굴장의 채굴기 숫자가 1만대가 넘는다면 6차 통과.

그 외, 업자의 신뢰성 등등 생각하자면 많으나 뭐 이 정도만 체크해도 괜찮을 듯합니다. 머리 아프시죠? 뭐 돈 버는 게 쉽나요? 감수하셔야죠.^^

3) 해쉬파워를 사세요. 10만원부터 가능합니다.

채굴기 사양, 채굴기 숫자 등에는 신경 쓰지 않고 그냥 돈 놓고 돈 먹기입니다. 즉, 10만원 내면 한 달에 얼마 이런 식입니다. 꽤 괜찮아 보입니다. 실제로 이렇게도 많이 합니다. 제가 하는 방식은 아닙니다. 저의 성향상 맞지 않기 때문이죠. 게다가 아래 4번 형태와 비교해 보니, 투자대비 수익이 현저히 낮았습니다. 그렇다면 다른 메리트가 있어야겠죠? 네, 비교적 덜 신경 써도 되는 것 같습니다. 돈 덜 벌고 덜 신경 쓰고. 저의 성향과 맞지는 않습니다. 저는 적당히 신경 쓰고 돈은 많이 벌고. 이런 성향이거든요. 아! 그리고 제가 자세히 살펴보니, 해쉬파워를 사는 방식은 투자대비 수익률이 높지 않았습니다.

4) 채굴기를 사서 관리를 맡기고 그룹마이닝을 하세요.

제가 최종적으로 선택한 방식입니다. 나름대로 한 꼼꼼 하는 저로서는 위의 1번, 2번, 3번 그리고 4번 방식을 시간을 들여 세밀히 검토했습니다. 위에서 보셨다시피 저는 엑셀을 돌려 실제적인 데이터로 시뮬레이션을 해 보고 결론을 냅니다. 투입 금액, 수익, 리스크(risk) 등 모든 것을 수치화하여 결론을 냅니다. 그 결론이 바로 '그룹마이닝' 입니다.

즉, 약간의 수고를 하면서 수익을 극대화하는 것이죠. 내가 모르는 것은 전문가에게 관리를 맡기고 나는 내 이익을 극대화하는 방식입니다. 그리고 이런 방식으로 사업하는 곳들을 면밀히 조사했습니다. 인터넷에 거론되는 것은 언제나 한계가 있었습니다. 소위 가짜 뉴스도 많고 잘 알지도 못하면서 부정적인 글을 쓰기 좋아하는 관심종자(^^)들도 많은 공간이라 저는 인터넷을 참고한 후, 실제로 오프라인에서 사람들을 만나 탐문을 했습니다. 돈을 벌려면 이 정도 수고는 해야 하는 겁니다.

사실 인터넷은 편리하기는 하지만 많은 오점이 있습니다. 뉴스와 기사, 블로그, 카페, 지식검색 등 정보가 넘쳐나는 것 같은데 사실은 판단을 흐리게 하는 가치 없는 글들이 많습니다. 비트코인을 검색해 봐도 도저히 판단이 서지가 않습니다. 심히 헷갈립니다. 돈은 번다고 하는데 투기라고 하고, 마약거래에 쓰는 나쁜 물건이라고 하고, 해커들과 연관되어 있다고 하고, 랜섬웨어와 비슷한 건가 싶기도 하고, "에이, 골치 아프네. 때려 치자."라는 결론을 내기 딱 좋게 정제되지 않은 정보의 홍수입니다.

한 달이 넘도록 인터넷에서 채굴기를 검색해 봐도 당신은 여전히 헷갈릴 것입니다. 그래서 당신이 갖춰야 할 능력은, 그 수많은 데이터 중에서 핵심을 짚어내는 능력입니다. 음해성 글, 가짜 뉴스, 관심받고 싶어하는 이들의 그럴듯한 글 등을 잘 가려내고, 그 중에서 진짜를 가려내는 겁니다. 저는 그렇게 온라인, 오프라인을 종합 분석하여 썩 괜찮은 그룹마이닝 회사를 찾아냈고, 결정한 이상 과감히 채굴기 투자를 단행했습니다.

컴퓨터공학을 전공했기에 비트코인을 누구보다 빨리 이해했고, 이더리움 또한 접근이 용이했습니다. 한때 잘나가던 휴대폰(스티브 잡스 활약 이전의 구닥다리 개인용 무선 전화기) 회사 기획팀장을 한 덕에 치밀한 분석도 가능했습니다. 덕분에 저는 금맥을 찾아냈습니다.

제가 처음 그룹마이닝을 시작했을 때의 수익률은 월 8% 정도였습니다. 그런데 지금은 월 30%가 되었습니다. 공부의 수고를 아끼지 않고, 한 걸음 먼저 길을 간 보답입니다. 그리고 한동안 이 수익률은 지속될 전망입니다. 2017년 말? 아니, 어쩌면 2018년 말까지도 이 수익률이 지속될지도 모르겠습니다. 저는 저의 선택이 매우 탁월했음을 믿습니다. 왜냐하면 월 8%정도의 수익률도 저는 만족스럽기 때문입니다.

자, 다시 한 번 말씀드리면 2017년 6월 현재 채굴기 한대 가격은 360만원이고, 월 채굴량은 3개 이상이며, 월 수익은 월 100만원이 넘습니다. 단, 이 수치는 팩트(fact)를 기반으로 한 것이며, 앞으로는 채굴기 가격, 월 채굴량, 월 수익 모두 가변적임을 거듭 말씀드립니다.

자, 이제 또다시 주사위는 당신에게로.

8_
이더리움이 전망이 있다면 이더리움을
사 놓는 것이 더 이익이지 않을까요?

Q 이더리움이 연말에 정말 100만원이 된다면 지금 40만원을
잡아도, 4백만원 투자하면 연말에 1천만원이 됩니다. 무려
150%의 수익률이네요. 불과 6개월여 만에. 만약 정말 이더리움이
전망이 있다면 이더리움을 사 놓는 것이 더 이익이지 않을까요?

A 본문에 잘 보시면 이더리움을 사는 것과 채굴하는 것을 잘
비교해 놓았습니다. 자, 2017년 6월 12일 현재 데이터로 말
씀드리겠습니다.

이더리움 현재가를 38만원으로 잡고, 투자금이 380만원이 있
다고 합시다. 그래서 이더리움 10개를 샀다고 합시다. 연말에 이
더리움이 100만원이 되었다고 합시다. 그럼 당신의 돈은 1천만
원이 됩니다. 축하합니다.

자, 현재 채굴기 가격이 360만원이지만 쉽게 계산하기 위해 채

굴기를 그냥 380만원이고 합시다. 채굴기 한대를 샀다고 합시다. 그리고 7월부터 이더리움을 캔다고 합시다. 7월부터 12월까지 총 6개월간 캔다고 합시다. 몇 개나 캘까요? 현재 하루에 0.11개 정도 캐니까 한 달에 3.3개인데, 그냥 월 3개로 잡아 봅시다. 월 3개씩 잡으면 18개. 채굴량이 점점 줄어 월 2개가 된다면 12개, 월 1개가 된다면 6개입니다. 자, 연말에 이더리움이 100만원이 되었다고 합시다. 만약 당신이 캔 이더리움이 18개라면 당신은 1,800만원, 12개라면 당신은 1,200만원, 6개라면 당신은 600만원을 갖게 됩니다. 아! 그리고, 잊지 말아야 할 중요한 사실! 채굴기는 계속 돌아갈 겁니다!!!

저는 초등학생에게 이것을 설명해도 그 답을 알 수 있을 것이라고 생각합니다.

9_

함께 채굴기를 대량으로 조립해서 채굴을
하자고 합니다. 해도 될까요?

이건 뭐 앞에서 누차 말씀 드렸으니, PASS.

10_
빗썸, 코빗, 코인원 중 어느 거래소가
제일 좋은가요?

장단점이 있습니다. 빗썸이 제일 거래량이 많습니다. 그만큼 유동성이 좋다는 말이죠. 코빗은 한국에서 가장 오래된 거래소입니다. 제가 주로 이용해 왔습니다. 코인원은 가장 역사가 짧습니다. 최근 이더리움, 리플코인 등에 발빠르게 대응하면서 빠른 성장을 하고 있습니다. 최근 제가 이용하기 시작했습니다. 코인원 사장이 포항공대 컴퓨터공학과 07학번이라는군요. 거의 20년 후배네요. 한 번 만나봐야겠습니다.

결론은 장단점이 있습니다. 제게 괜찮은 곳을 추천하라고 하면 현재로선 코인원 → 코빗 → 빗썸 순입니다. 그냥 개인적인 의견이었습니다.

11_
해외거래소 폴로닉스에 가입해서
거래해도 되나요?

네, 됩니다. 가입절차가 다소 까다롭긴 하나 가능합니다. 그리고 영어로 되어 있으니 다소 불편하기는 합니다. 장점은, 국내 거래소에 상장되지 않은 다양한 코인들이 상장되어 있습니다. 만약 알트코인에 대한 제대로 된 정보가 있다면 폴로닉스를 통해 거래가 가능하니 이용하셔도 좋겠습니다. 다만 폴로닉스는 해외거래소다 보니, 한국사람이 이용하기에는 송금 등에 약간의 제약이 있을 것입니다.

아! 한 가지 주의할 점은 최근 가짜 폴로닉스 거래소가 등장했다는 소식입니다. 폴로닉스인 것처럼 가장합니다. 당신은 폴로닉스로 알고 들어가서 아이디와 비번을 쳤는데, 그 순간 당신의 폴로닉스 계좌에 있는 가상화폐는 사라져 버릴 수도 있습니다. 주의를 요합니다.

진짜 폴로닉스 : Poloniex.com

가짜 폴로닉스 : Poloniex.nu.com, Polonix.com, 등등등.

    폴로닉스 외에도, 가상화폐 관련한 여러 가짜 사이트, 사기 등이 횡행하니 주의를 요합니다. 당신의 소중한 돈, 불리는 것도 중요하나 지키는 것도 중요함을 명심하시기 바랍니다.

12_
중간에 채굴기 양도가 되나요?

지금은 수익률이 좋아서 양도할 리가 없지만, 추후 수익성이 안 좋아지면 팔 수도 있냐는 질문이군요. 네, 대부분은 계약기간 내 양도가 안 되는 것으로 알고 있습니다. 다만 제가 거래하는 곳은 양도가 가능한 것 같습니다. 실제로 제가 채굴기 10대를 양도받았습니다. 그분은 안타깝게도 급전이 필요해서, 매월 1,000만원의 이더리움을 캐는 채굴기 10대를 저에게 3,000여만원에 넘기고 말았습니다. 저는 다른 이들이 덤빌세라 잽싸게 그분을 찾아가 그 자리에서 계약서를 쓰고 바로 다음날 양도를 마무리 지었습니다. 지금도 여전히 하루에 1.1개 정도, 즉 40만원이 넘는 이더리움을 제게 선물하고 있습니다. 완전히 황금알을 낳는 거위입니다.

저는 앞으로도 채굴기를 양도한다는 분이 있으면, 합리적인 가격에 양도를 받을 의향이 있습니다. 참고로 위에 제게 채굴기

를 양도하신 분은 원가로 넘기셨구요. 제가 양도받을 합리적인
가격은(채굴기 원가 + 은행이자분)으로 합니다. 물론 중간에 캔
이더리움도 모두 함께 넘겨주셔야 합니다. 뭐 조금 더 쳐줄 의향
은 있습니다. 그래야 합리적인 거래 아닐까요?

아, 그리고 제 채굴기를 양도할 생각은 있냐구요? 없습니다!!!

13_
채굴기 수명은 어느 정도 되나요?

통상 고성능컴퓨터의 감가상각은 2년으로 봅니다. 따라서 채굴기 관리계약은 2년으로 이뤄집니다. 그러나 채굴기의 실제 수명은 그보다는 깁니다. 적어도 3년, 길게는 5년까지도 볼 수 있습니다. 보수적으로는 3년으로 보면 매우 타당할 것 같습니다. 3년 동안 이더리움을 캘 수 있다면 3년간의 당신의 수익률은 얼마일까요?

14_
채굴기를 관리해 주는 회사는 믿을 수 있나요?
추천할 만한 회사가 있나요?

저는 제가 이용하는 회사를 추천합니다. 눈이 벌개지도록 인터넷을 검색했습니다. 인터넷 글들을 분석했습니다. 부정적인 글을 단 분에게는 직접 연락해서 그 진위를 물어보았습니다. 그리고 오프라인에서 먼저 그 채굴기 회사와 거래하는 분을 만나서 취조하듯이 꼬치꼬치 캐물어보았습니다. 엑셀로 시뮬레이션을 수십 번 해 보았습니다. 그리고 나서 결정한 회사입니다. 그리고 지금 이더리움도 척척 잘 들어오고 있습니다. 다만 회사의 실명을 거론하기는 다소 난감한 부분이 있으니, 제게 별도로 문의를 주시면 개인적으로 알려 드리겠습니다. 아니면 격주 혹은 매주 열 예정인 '가상화폐 실전투자전략'에 오시면 될 것 같습니다.

15_
비트코인에 투자하는 회사라면서
지분투자를 하라고 합니다. 1,000만원 투자하면
월 70만원을 확정적으로 준다고 하는데요.
투자해도 될까요?

안 됩니다. 제가 본문에 썼듯이 1,000만원 투자하면 월 30만원 주는 것도 결국 사기로 판명 났습니다. 그런데 월 1,000만원 투자하는데 어떻게 월 70만원을 줍니까? 이건 결국 먹튀를 할 가능성이 큽니다. 하시면 안 됩니다. 여기서 함정은 '확정'입니다. 그 어느 투자도 월 3%, 7%를 확정해서 준다는 것은 불가능합니다.

채굴 역시 현재 월 30% 가까이 되지만 확정은 아닙니다. 월 10% 정도로 떨어질 수도 있지만 그것 역시 확정은 아닙니다. 월 1% 이하로도 떨어질 수 있습니다. 어떤 경우라도 확정은 있을 수 없습니다. 다만 지금 현재 월 30% 수익이 나오는 것은 명백한 사실입니다.

위의 경우는, 1,000만원을 받아 그 회사가 채굴공장을 운영하는지 아니면 채굴회사의 채굴기를 사는지 혹은 지분을 재투자하는지는 모르겠으나, 절대 '확정' 수익은 있을 수 없습니다. 그

리고 만약 확정이 아니어도 된다면, 현재로선 채굴기가 훨씬 나
을 텐데요 ^^

16_
XX코인이라고 지금 사 두면 내년에 상장한다고 합니다. 비트코인을 사서 교환하는 형태로 구입 가능하다고 하는데요. 투자해도 될까요?

글쎄요. 비추입니다. 보통 유망한 가상화폐는 ICO를 하지, 그렇게 개인적으로 판매를 하지는 않습니다. '2018년 상장 예정'이라는 말은 그냥 말일 뿐이라고 봅니다. 어쩌면 당신은 지나친 욕심으로 인해 비이성적인 판단을 하고 있는지도 모릅니다.

비트코인도 있고 이더리움도 있고 리플코인도 있습니다. 그리고, coinmarketcap.com에 보시면, 상장된 유망한 코인도 많이 있습니다. 그런데 왜 굳이 검증되지도 않은, 그것도 ICO도 아닌, 개인 대상 프리세일을 하는 위험한 코인을 한단 말입니까?

굳이 당신이 리스크를 즐기는 스타일이라면 인터넷을 보면, 괜찮은 가상화폐 카페가 있으니 그런 곳에서 ICO 예정인 코인을 추천받는 편이 훨씬 낫습니다. 최근 ICO를 진행한 COSMOS나 BOS COIN도 꽤 괜찮을 것으로 보입니다.

욕심에 눈이 멀면 보고 싶은 것만 보이고 들고 싶은 것만 들리고 믿고 싶은 대로 믿게 됩니다. 주의가 필요합니다.

17_
저는 해킹이 정말 무서워요.
가상화폐 거래 정말 안전한가요?

Q 몇 년 전에 세계 최대 비트코인 거래소가 해킹 당했다는
말을 들었어요. 그리고 최근에는 한국의 거래소가 해킹되
어 수백억원의 가상화폐를 도난당했는데, 그 피해를 고스란히
고객에게 전가했다는 말도 있구요. 어떻게 하면 해킹으로부터
안전하게 거래를 할 수 있을까요? 그리고 안전한 거래소 선택기
준은 무엇인가요?

A 사실 저도 가장 민감하게 생각하고 있는 부분입니다. 이
부분에 대해서는 먼저 최근 금감원에서 발표한 '가상화폐 투자
유의사항'을 살펴보도록 하겠습니다. 금감원에서 공식적으로
언론을 통해 밝힌 자료이므로 의미가 있다 하겠습니다.

금융감독원은 2017년 6월 22일 국내 가상화폐 거래량이 급증
하는 등 시장이 과열되고 있어 가상화폐 이용자들의 피해가 우

려되는 상황이라고 밝혔습니다. 금감원이 밝힌 가상화폐 관련 5가지 투자 유의사항을 살펴보겠습니다.

1) 가상화폐는 법정통화가 아니다.

가상화폐는 법정통화가 아니므로 우리나라 정부는 물론 세계 어느 나라 정부로부터도 보증을 받을 수 없습니다. 이용자가 가상화폐 거래소 등에 맡긴 가상화폐는 예금보험공사의 보호대상에도 물론 포함되지 않습니다.

2) 가상화폐는 급락 시 제동장치가 없다.

따라서 가상화폐는 가치 급락으로 인한 무한 손실 발생 가능성이 있습니다. 가상화폐는 금융투자상품이 아니므로 가치가 급등 또는 급락하는 경우 거래를 일시 정지하는 제도 등이 없습니다. 최근에 해외 거래소에서 이더리움 가격이 300달러에서 10센트로 급락한 적이 있었습니다. 많은 투자자들이 속수무책으로 이 상황을 지켜보아야 했습니다. 앞으로 가상화폐가 제도권으로 들어오기 전까지 이런 일들은 종종 일어날 것입니다.

3) 다단계 유사코인에 대한 주의가 필요하다.

최근 비트코인과 이더리움의 인기에 편승한 유사코인들이 다수 출현하고 있습니다. 이 유사코인들은 높은 수익률을 미끼로 다단계 영업 방식으로 투자자들을 현혹하고 있습니다. 정상적인 코인들은 소스가 오픈되어 있으며 세계적으로 통용되는 코인입니다. 이런 유사코인들은 소스를 오픈하지 않습니다. 의심의 여지가 있는 부분입니다. 또한 특정한 집단 내에서 특정한 용도로 쓰이며 자기들만의 거래소를 통해 거래하기도 합니다. 이런 코인들은 주의할 필요가 있습니다. 비트코인과 이더리움 등은 소스가 오픈되어 있으므로 누구라도 유사코인을 만들 수 있고, 거래소 또한 약간의 수고를 통해 누구라도(^^) 만들 수 있으므로 특정 집단이 만든 거래소에 상장되었다고 해서 공신력을 인정받는 것은 아닙니다.

4) 해킹 등의 사태에 대한 주의가 필요하다.

애초 가상화폐의 취지는 해킹의 위험을 줄인다는 개념을 포함합니다. 그러나 현재로서는 오히려 해킹의 위험에 많이 노출되어 있고 실제 해킹 사태도 많이 일어나고 있습니다. 또한 사기를 당하거나 도난을 당했을 때 그것을 검증하거나 구제할 그 어떤 법적 체제도 만들어지지 않은 상황입니다. 따라서 가상화폐는 해킹 등에 의해 일단 유출이 되면 그것을 복구하기는 거의 불가능에 가깝습니다. 특히 거래소 등의 전산시스템이 취약한 경우, 거래소 자체의 해킹으로 인해 모든 고객의 자산이 한꺼번에 유출될 가능성이 큽니다. 따라서 거래소의 신뢰성을 꼼꼼히 따져보고 믿을 만한 거래소를 선택하는 것이 필요합니다. 현재로서는 이 모든 책임을 개인이 져야 하는 상황입니다.

5) 특히 거래소의 경우, 보안과 암호 등에 관한 전문성을 잘 살펴보아
   야 한다.

최근 국내 거래소 한 곳이 보안관리의 허술로 인해 해킹을 당한 사례가 있습니다. 이런 경우, 거래소의 문제인지 사용자 고객 개개인의 관리 소홀인지 그 책임 소재가 명확하지 않으므로 해당 거래소에서는 일단 개인에게 그 책임을 전가해 버렸습니다. 물론 개인은 거래소를 믿고 거래를 하지만 그 거래소가 믿을 만한지에 대한 판단은 개인 스스로의 몫입니다.

보안을 철저히 하면 다소 불편함이 발생합니다. 즉, 어떻게 보면 고객을 불편하게 하고 고객을 까다롭게 대하는 것 같은 거래소가 오히려 고객을 더 잘 보호할 수도 있습니다. 저는 개인적으로 보안회사에서 보안 제품을 개발한 경험과 보안 컨설팅을 한 경험이 있으므로, 이 불편함과 보안의 상관관계를 너무나 잘 알고 있습니다.

집에 담을 쌓는 이유는 그 담이 도둑을 100% 방지해주기 때문이 아닙니다. 다만 도둑이 그 담을 넘으려면 다소 힘들기에 담이 없는, 그래서 털기 편한 집을 선택하기 때문입니다. 또한 담 위에 철조망을 한다고 해서 또 그 집에 도둑이 들지 않는 것도 아닙니다. 다만 좀 더 도둑을 힘들게 만드는 것입니다. 비밀번호 관리를 철저하게 한다고 해서 100% 안전한 것도 아니고, 문자인증이나 OTP를 한다고 해서 또 100% 안전한 것도 아닙니다. 다만

해킹의 위험으로부터 조금 더 안전하게 되는 것입니다.

거래소의 선택도 중요합니다. 참고로 저는 코빗을 주로 사용하다가 최근에 코인원을 주로 사용합니다. 거래소 각각을 자세히 알지는 못하지만, 자잘한 사건이 터질 때마다 대처하는 모습을 보면서 나름 거래소 각각에 대해 점수를 매기고 있습니다. 개인의 판단에 의해(다소 불편하고 깐깐하더라도) 보안의식이 철저한 거래소를 잘 선택하시고 아이디, 비밀번호, 문자인증, OTP 등을 잘 관리하셔서 개인의 소중한 자산을 잘 지키고 키워 나가시기 바랍니다.

결론. 100% 안전한 것은 없습니다. 다만 주의를 통해 안전성을 높여 가는 것입니다.

18_
가상화폐를 개발 중이라고 합니다.
투자자를 모집 중이라는데 투자해도 될까요?

글쎄요. 정말 좋은 가상화폐를 개발할 수도 있습니다. 그렇다면 투자해도 되겠죠. 그러나 그게 아니라면, 당신의 투자금은 공중분해될 것이구요. 적어도 가상화폐 백서 정도는 읽는 정성이 있어야 할 것이라고 봅니다. 해당 가상화폐 백서와 개발자, 투자자 등에 대한 정보를 주시면 저 나름대로 답변을 드릴 수는 있겠습니다.

19_
한국의 XX그룹 관계사가 만든 코인입니다.
프리세일을 한다고 하는데 투자해도 될까요?

글쎄요. 저라면 투자 안 합니다. 가상화폐는 전 세계인을 대상으로 해야 합니다. 폐쇄된 곳에서 쓰이는 화폐는 그냥 그 지역화폐일 뿐이겠죠. 주의를 요합니다.

제10장

기타 이슈들

BITCOIN

ETHEREUM

푸틴, 비탈릭 부테린을 만나다

최근 이더리움 창시자 비탈릭 부테린이 러시아 대통령 푸틴을 만났다. 아니, 그게 아니다. 푸틴이 비탈릭 부테린을 만났다. 2017년 6월, 국제경제포럼에 갑자기 푸틴이 나타나 비탈릭 부테린을 만나서, 자신은 블록체인을 좋아한다며 담소를 나누었다. 둘이서 무슨 대화를 나누었는지는 알 수 없다. 다만 누구나 뭔가 굉장한 일이 벌어지고 있다는 느낌을 느낄 수는 있을 것이다 (러시아와 중국이 최근 가상화폐를 법정화폐로 인정할 것이라는 소문이 돌고 있습니다. 푸틴이 비탈릭 부테린을 만난 이유는 어쩌면 이더리움 기반의 법정화폐를 염두에 둔 때문이 아닌가 하고 나름 추론해 봅니다).

리플코인에 대해서

2017년 6월 14일 현재, 개략적인 시가총액은 비트코인 45조, 이더리움 36조, 리플코인 10조 정도이다. 비트코인은 전체 가상화폐 시가총액의 39%, 이더리움은 전체 가상화폐 시가총액의 32%, 리플코인은 9%다. 한때 이 리플코인이 이더리움의 시가총액을 넘어서서 대단한 코인이라는 평가를 받은 적이 있었다. 나 또한 리플코인에 투자를 단행했고, 3배 정도의 수익을 냈었다. 그러나 곧 나는 리플코인에 등을 돌렸다.

왜냐하면 구글이 10억불 투자했다는 그 하나가 리플코인에 엄청난 관심을 갖게 했는데 그 관심을 불식시킬 만큼의 엄청난 사실을 나는 간과했던 것이다. 즉, 리플코인은 발행주체가 있다. 헉? 가상화폐의 기본을 흔드는 이 사실. 나는 '가상화폐=화폐 민주주의' 이렇게 이해한다. 즉, 발행주체가 정해져 있지 않고 필요시 채굴을 통해서 혹은 아주 민주적인 방법으로 가상화폐를 발행해야 하는데, 이 리플코인은 발행주체가 정해져 있으니 누군가가 통제한다는 뜻이다.

나는 과감히 리플코인을 내 관심에서 지웠고, 더 이상 쳐다보지 않는다. 리플코인을 좋아하는 것은 노예근성 또는 사대주의 근성이라는 생각을 지워버릴 수가 없다. 구글이 10억불 투자했으니 당연히 잘 될 거라고? 글쎄다. 비트코인이 만들어 온 세상을 보라. 화폐의 역사를 바꾸는 혁명, 4차 산업혁명의 한 축을 이끌어 온 비트코인은 발행주체가 없다. 그게 가상화폐다. 중앙통제권을 가지는 순간, 이미 말은 가상화폐지만 가상화폐의 기본 취지, 즉 화폐 민주주의를 포기해야 한다. 대중은 또다시 돈의 노예가 되는 것이다.

그래서 나는 리플코인은 그냥 리플코인의 역할에 충실하기를 바란다. 그 역할에 충실하다는 것은 현재처럼 전체 가상화폐 시장의 10% 미만에서 가격이 형성된다는 뜻이다. 그러므로 이러한 나의 관점에서는 리플코인은 투자로서는 out이다.

김치 프리미엄

김치 프리미엄이라고 들어 보았는가? 다른 말로는 코리아 프리미엄. 즉, 유독 한국의 가상화폐만 전 세계 가상화폐보다 비싼 것이다. 심하게는 50% 정도. 그야말로 뭉칫돈이 가상화폐 시장으로 흘러 들어와 거의 묻지마 투자를 하고 작전이 성행했다. 지난번 이더리움이 38만원까지 갔다가 15만원으로 순식간에 폭락한 사건은 김치 프리미엄, 강남의 뭉칫돈, 묻지마 투자, 작전이 잘 버무려진 하나의 작품이었다.

2017년 6월 현재 김치 프리미엄은 0%~10% 사이에서 형성된다. 이제야 안정을 찾은 느낌이다.

비트코인 & 이더리움 상식들

비트코인 및 이더리움에 대한 상식을 다시 한 번 살펴보자.

비트코인이란?

비트코인은 인류 최초의 디지털 화폐다. 2009년 나카모토 사토시(가명)가 오픈소스로 세상에 내놓은 역사상 가장 성공적인 전자화폐다.

비트코인의 특징

비트코인은 거래 내역의 비밀이 보장되며 어떠한 기관도 개인 계좌를 동결시킬 수 없다. 2,100만개의 비트코인까지만 발행함으로 높은 희소성을 지니고 있다. 전 세계적으로 수천 개의 인터넷 쇼핑몰과 오프라인 매장에서 이미 지불 수단으로 사용되고 있다.

피자 데이

비트코인으로 피자를 결제한 일화가 있다. 이 유명한 일화를 바탕으로 비트코인을 사랑하는 사람들은 이 5월 22일을 'Bitcoin Pizza Day'라 부른다. 10,000비트로 피자를 주문한 날을 기념하는 것이다.

비트코인 가맹점

2016년 11월 기준, 전 세계 비트코인 가맹점은 8,257개에 이른다. 당연히 가맹점수는 늘어나고 있다.

전 세계 비트코인 가맹점

대한민국의 비트코인 가맹점 역시, 서울을 중심으로 하나둘씩 생겨나고 있다.

우리나라의 비트코인 가맹점

미국의 기업가 크리스 딕슨은, 화폐의 진화과정을 다음과 같이 설명하고 있다. 금과 같은 상품 화폐는 1세대 화폐, 달러 같은 국가 화폐는 2세대 화폐, 비트코인 같은 암호화폐는 3세대 화폐이다.

노벨평화상 후보자 레옹 로우는, "지식인이라면 비트코인을 알아야 한다. 비트코인은 어쩌면 인간의 가장 위대한 발명 중 하나가 될 수도 있기 때문이다."라고 말했다.

빌 게이츠 역시, "비트코인은 위대한 기술의 창조물이다."라고 말했다.

팀 쿡 애플CEO는 "다음 세대에 태어나는 아이들은 돈이 무엇인지 모르게 될 것"이라고 말했다.

비트코인 등장 배경
달러 체제에 대한 불신에서 시작되었다. 특히 2008년 리먼브

러더스 파산으로 인한 금융 위기, 그리고 이로 인해 촉발된 양적 완화가 비트코인의 직접적인 등장 배경이 되었다. 그 이전에도 페이팔, 그리고 인터넷 쇼핑몰에서 거래되는 가상화폐가 있었으나 그러한 가상화폐는 누군가가 중앙에서 통제한다는 점에서 진정한 화폐 민주주의를 실현하지 못하고 있었다. 이에 사토시는 전 세계에서 국경의 제약 없이 은행이 쉬는 날에도 수수료를 거의 지불하지 않는 가상화폐를 만들게 된다.

현재의 화폐는 늘 대중을 배신해 왔다. 이를 테면 1억의 화폐 가치는 물가상승률 4%를 적용했을 시 5년 후 8천만원이 된다. 도대체 2천만원은 어디로 사라지는 것일까? 이처럼 현재의 화폐는 시간이 지날수록 그 교환가치가 줄어들게 된다. 그것은 지속적으로 통화량 자체가 늘어나기 때문이다.

자, 이제 이더리움에 대해 알아 보자.

이더리움이란?

이더리움의 창립자 '비탈릭 부테린'은 20대의 비트코인 천재 해커 출신이며, 그는 페이스북의 마크 저크버그를 제치고 세계 IT기술상을 수상했다. 그는 제한적인 비트코인의 기능에 지급결제, 주식발행, 부동산계약, 보험상품설계, 법인등록, 전자투표 등 여러 기능들을 중앙의 인증기관 없이 안전하고 효율적으로 수행하기 위한 프로그램을 개발하기 위한 플랫폼인 이더리움을 개발하게 된다.

이더리움은 '비트코인 2.0'이라고 할 정도로 비트코인의 진화된 버전이며 스마트 계약을 실행하는 분산 플랫폼이다.

이더리움은 2014년 8월, 클라우드 펀딩을 통해 1비트코인에 2,000이더리움으로 선 판매하여 약 180억원을 투자받아 운영하기 시작했다. 이 당시 클라우드 펀딩을 이용해 가장 많은 금액을 투자 유치한 프로젝트 중 5위에 등재되었다.

2017년 6월 현재, 1비트코인에 8이더리움 정도로 자리매김했으며, 시가총액 기준으로 이더리움은 비트코인의 70%를 넘어서고 있다. 많은 이들이 이더리움의 시가총액이 비트코인을 넘어설 것이라고 예언하고 있다.

비트코인 vs 이더리움

간단하게 비교하면 비트코인은 정보만 오가던 인터넷이란 가상공간 속에서 매우 적은 수수료로 화폐의 자유로운 이동을 가능하게 하는 가상화폐이다.

이더리움은 화폐의 기능에 더해 사물인터넷을 구현하는 핵심 플랫폼이며, 2020년 사물인터넷을 통해 서로 연결되는 사물의 수는 1조개에 달한다. 현재 이더리움은 1억 개도 채 발행되지 않았다. 어떤 방식으로 발행하든, 결국 2020년까지 1조 개의 이더리움이 필요할지도 모른다.

비트코인 채굴코인, 오픈소스 블루칩 코인(No.1)	공통점	이더리움 채굴코인, 오픈소스 블루칩 코인(No.2)
2009년 ($1026)	시작 (시세)	2015년 ($40)
결제 및 투자	용도	결제 및 응용 데이터 활용
기축통화 대체 1세대 가상화폐	의미	사물인터넷 활용 2세대 가상화폐
개인, 중국	주도 세력	대기업, 미국/유럽

[비트코인과 이더리움의 공통점 & 차이점(2017년 3월 가격 기준)]

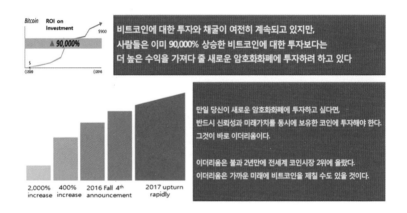

[전문가들이 예측하는 이더리움의 미래가치]

가상화폐 선택기준

만약 당신이 비트코인과 이더리움 이외에 또 다른 가상화폐에 투자하기를 원한다면 반드시 다음의 사항을 체크해 보기 바란다.

첫째, 주요 국제거래소에 등록되어 있는가? 그리고 시가총액은 어느 정도인가?

둘째, 즉시 전액 현금화가 가능한 가상화폐인가? 유동성이 충분한가? 거래량이 지속적으로 유지되는가?

채굴기는 더 이상 비밀이 아니다.

채굴기는 더 이상 비밀이 아니다. 인터넷에 검색해 보면 이미 다양한 루트를 통해서 채굴기를 팔고 있는 것을 볼 수 있다.

뉴스 등에서는 연일 이더리움에 관한 이야기와 함께 채굴 뉴스도 등장하기 시작했는데, 아래 뉴스는 채굴기 때문에 용산전

자상가 그래픽카드가 동이 났다는 기사다.

〈 관련 기사 〉

가상화폐가 뭐길래… '대란' 터진 그래픽카드 시장

http://it.chosun.com/news/article.html?no=2835911

이제 더 이상 가상화폐 채굴은 비밀이 아니다. 다만 그 어느 뉴스나 기사를 봐도 왜 이렇게 채굴기에 열광하는지, 그 구체적인 데이터나 채굴기를 이용해 가상화폐를 채굴하는 구체적인 방법에 대해서는 언급하지 않고 있다. 그래서 나는 이 책을 통해 더 이상 비밀이 아닌 채굴에 대해 아주 상세하게 기술하는 것이다.

제11장

강의 소개 : 가상화폐 실전투자전략

BITCOIN

ETHEREUM

가상화폐 실전투자전략
−가상화폐로 지속적이고 안정적인 수익 올리기

가상화폐 개념 및 실전 특강은 월 2회 진행된다. 이 특강에서는 복잡한 기술적인 문제가 아닌, 투자 차원에서의 가상화폐를 다룬다. 가장 기초적인 돈에 대한 상식에서 출발하여, 가상화폐로의 진화까지 자연스럽게 연결이 될 것이며, 당신 또한 이 강의를 통해 미래 트랜드를 읽게 될 것이다.

강의는 이 책에 있는 내용 일부와 함께 책이 나온 이후에 변화된 내용을 다루게 될 것이며, 가장 효과적인 가상화폐 투자전략을 소개하는 자리가 될 것이다.

가상화폐 실전투자전략

−가상화폐로 지속적이고 안정적인 수익 올리기(실전 사례 중심)

- 강사 : 빈현우
- 일시 : 카페 및 블로그를 통해 수시 공지합니다.
- 장소 : 서초구 서초동 1642−3 진송빌딩 2층 스피치마스터 강의실
- 대상 : 가상화폐, 비트코인, 이더리움에 관심이 있는 모든 분
- 비용 : 6월 24일 현재로선 무료(그러나 매우 알찰 것임)
- 참고 : http://blog.naver.com/binhw8 (블로그)

  http://cafe.naver.com/cryptocurrencycafe.cafe (카페)

[강의 장면 : 가상화폐 실전투자전략 − 가상화폐로 지속적 수익 올리기]

제12장

참고 자료

전문적인 용어와 기술적인 내용이 포함되어 있어서 일반인들이 이해하기에는 다소 무리가 있으나, 가상화폐 전반에 대한 이해를 돕기 위해 한번쯤은 읽어보아야 할 내용이기에 위키백과의 암호화폐, 블록체인, 비트코인, 이더리움 등의 내용을 참고 자료로 실었습니다.

[암호화폐 개요]

암호화폐(暗號貨幣, crypto currency)는 암호를 사용하여 새로운 코인을 생성하거나 거래를 안전하게 진행할 수 있도록 매개하는 화폐를 말한다. 가상화폐의 일종이다. 2009년 최초의 암호화폐인 비트코인이 출현했고, 이후 이더리움, 리플, 라이트코인, 보스코인 등 수많은 암호화폐가 등장했다.

블록체인(block chain)은 공공거래 장부이며 가상화폐로 거래할 때 발생할 수 있는 해킹을 막는 기술이다. 분산 데이터베이스의 한 형태로, 지속적으로 성장하는 데이터 기록 리스트로서 분산 노드(node)의 운영자에 의한 임의 조작이 불가능하도록 고안되었다. 잘 알려진 블록체인의 응용사례는 암호화폐의 거래과정을 기록하는 탈중앙화된 전자장부로서 비트코인이 있다. 이거래 기록은 의무적으로 암호화되고 블록체인 소프트웨어를 실행하는 컴퓨터 상에서 운영된다. 비트코인을 비롯한 대부분의 암호화폐들이 블록체인 기술 형태에 기반하고 있다.

기본 원리

블록체인 아키텍처의 핵심적인 장점은 다음과 같은 것들이다.

블록체인은 대규모의 노드들 사이에서 각 노드에 분산 저장된 장부의 데이터를 항상 최신 버전으로 유지할 수 있도록 하는 합의 수렴 알고리즘으로 볼 수 있다. 이러한 능력은 노드가 익명으로 실행되거나 연결이 좋지 않거나 심지어 신뢰할 수 없는 운영자가 참여하는 것도 가능하게 한다.

탈중앙

모든 탈중앙 암호화폐의 노드는 부분 또는 전체의 블록체인을 가지고 있다. 이것이 페이팔과 같은 시스템에서 필요로 하는, 중앙 집중형 데이터베이스를 가지고 있을 필요를 없게 한다.

일반적인 장부에는 수표나 영수증 또는 약속어음의 교환내역이 기록되는 반면에 블록체인은 그것 자체가 거래장부인 동시에 거래증서(수표, 영수증, 약속어음)이다. 비트코인에서는 거래들의 지불되지 않은 결과의 형태로 존재한다고 표현한다.

"지불인 갑이 00원을 수취인 을에게 보내다." 형식의 거래는 소프트웨어 앱(비트코인 지갑앱 등)을 통해 블록체인 네트워크에 뿌려진다. 블록체인 네트워크의 노드들은 거래를 검증한 다음, 자신의 장부에 거래를 추가한다. 그리고 이 거래가 추가된 장부를 네트워크의 다른 노드들에게 뿌린다.

이중 지불 방지

암호화폐들은 신뢰할 수 있는 제3자에 의한 시간표시 거래를 블록체인에 추가하는 것을 피하기 위해, 작업증명(proof-of-work) 또는 소유증명(proof-of-stake) 같은 다양한 시간표시 방법들을 사용한다. 이것은 누구나 쉽게 이중지불되는 돈의 문제를 회피할 수 있게 한다.

개발과정

블록체인의 첫 구현체 개발은 비트코인으로 시작되었고, 추가적으로 성능개선, 익명성 추가, 저장기능과 스마트 컨트랙트

(smart contract) 기능들이 개발되었다.

블록체인 구현사례

- 비트코인 – 작업증명(Proof of work)
- 디지털노트 XDN – 블록체인 위에 인스턴트 메신저, 블록체인 작업 증명에 기반을 둔 뱅킹 예금 시스템
- 네임코인 – 블록체인에 데이터 저장 기능 제공
- 마스터코인 – 다양한 거래를 처리 가능한 블록체인
- 피어코인 – 작업증명의 대안으로 소유증명 추가
- 이더리움 – 튜링 완전 스마트 컨트랙트 및 12초의 블록생성주기 지원
- 블록체인 OS – 대한민국에서 진행되는 블록체인 관련 프로젝트

[스마트 컨트랙트 개요]

스마트 컨트랙트는 계약에 필요한 일체의 요소들(협상, 성과 촉진과 확인, 시행에 관한 계약 조항들)을 자동화하고 대체하는 컴퓨터 프로토콜이다. 스마트 컨트랙트는 대개 사용자 인터페이스를 가지며 종종 일반 계약 조항의 논리를 가진다. 스마트 컨트랙트의 지지자들은 계약 조항의 일부나 또는 전체를 스마트 컨트랙트로 대체될 수 있다고 주장한다. 스마트 컨트랙트는 전통적인 계약법보다 우수한 보안을 제공하고 계약과 관련된 다른 거래 비용을 줄이는 것을 목표로 한다.

2016년 5월에 1억5천만 달러 규모의 크라우드 펀딩(crowd-funding)으로 시작된 the DAO는, 벤처 캐피탈 펀드를 목적으로

설립되었는데, 스마트 컨트랙트를 기반으로 한 탈중앙화된 자율 조직 형태로 출범하였다. 그러나 약 3주 후에 해킹되어 약 5천만 달러의 암호화폐가 해킹되는 사고가 발생했다.

[비트코인 개요]

비트코인(Bitcoin)은 2009년 나카모토 사토시가 만든 디지털 통화로, 통화를 발행하고 관리하는 중앙 장치가 존재하지 않는 구조를 가지고 있다. 대신 비트코인의 거래는 P2P 기반 분산 데이터베이스에 의해 이루어지며, 공개키 암호 방식 기반으로 거래를 수행한다. 비트코인은 공개성을 가지고 있다. 비트코인은 지갑 파일의 형태로 저장되며 이 지갑에는 각각의 고유 주소가 부여되고 그 주소를 기반으로 비트코인의 거래가 이루어진다. 비트코인은 1998년 웨이따이가 사이버펑크 메일링 리스트에 올린 암호통화(cryptocurrency)란 구상을 최초로 구현한 것 중의 하나이다.

개요

비트코인은 공개키 암호 방식을 이용해 공개된 계정간에 거래를 한다. 모든 거래는 비공개적이나 거래의 기록은 남으며, 분산 데이터베이스에 저장된다. 분산된 시간서버로 일련의 작업증명(proof-of-work)을 하여 중복지출(double-spending)을 방지한다. 거래 기록은 모두 데이터베이스에 저장되어야 한다. 저장소 크기를 줄이기 위해 머클 트리(Merkle tree)가 사용된다.

기술

윈도 7에서 실행 중인 비트코인 소프트웨어.

비트코인은 웨이따이의 비-머니(b-money) 제안과 닉 재보(Nick Szabo)의 비트골드(Bitgold) 제안을 P2P로 구현한 것이다. 체계의 원리는 사토시 나카모토의 2008년 비트코인 백서에 나와 있다.

주소

비트코인 네트워크에 참여하는 사람은 모두 임의의 암호화 키쌍을 담고 있는 지갑을 갖게 된다. 공개키는 비트코인 주소와 마찬가지인데 모든 지불의 발신자와 수신자 종단점으로 작동한다. 공개키의 짝이 되는 비밀키는 소유자만이 지불할 수 있도록 허가하는데 사용된다. 비트코인 주소에는 소유자에 대한 정보가 포함되지 않아서 익명성을 갖고 있다. 주소는 사람이 읽을 수 있게 표기될 경우 33글자 정도된다. 비트코인 사용자는 여러 주소를 보유할 수 있고 새로운 주소를 제한 없이 생성할 수 있다. 어떤 네트워크 노드와도 접촉할 필요 없이 새로운 공개키와 암호키쌍을 간단히 생성하면 새로운 주소를 즉시 만들 수 있기 때문이다. 쉽게 주소를 무한대로 생성해 바꿔 사용한다면 익명성이 보장될 수 있다.

거래

비트코인에는 현재 소유자의 공개키(주소)가 포함되어 있다. 사용자 갑이 사용자 을에게 무언가를 전송할 경우를 보자. 갑은 을의 공개키(주소)를 비트코인에 추가하고 갑이 소유한 개인키로 서명한다. 그 다음 갑은 이 비트코인을 적절한 메시지의 거래 내역으로 P2P 네트워크에 방송한다. 나머지 네트워크 노드들은 암호화된 서명과 거래량을 허가하기 전에 입증한다.

블록체인

기본 체인은 시작 블록부터 현재 블록까지 가장 긴 나열로 이루어진다. 고아 블록은 기본 체인 바깥에 존재한다.

다른 노드로 방송(broadcast)된 거래 내역들은 어떤 것이라도 즉시 공식적이지 않다. 블록 체인(block chain)이라고 불리는 거래 내역이 있는데, 이것은 알려진 모든 거래 내역의 목록을 수집해 보관하는 것이다. 블록체인에서 6회 이상 인정되어야 공식적인 거래가 된다. 각각의 생성용 노드들은 인정되지 않은 거래 내역을 전해 듣고 후보 블록에 수집한다. 후보 블록은 다른 것과 함께 있는 파일이고 이미 알려져 있는 바로 이전의 유효블록(valid-block)의 암호화 해시를 포함하고 있다. 생성용 노드들은 난이도에 의해 정해진 목표값 이하의 암호화 해시를 생성하기 위해 시행 착오를 반복한다. 노드가 그 해답을 찾으면, 노드는 네트워크의 나머지 노드에게 알린다. 새로 해결된 블록(solved-block)을 받은 노드들은 그것을 허가하기 전에 인증하고 체인에 추가한다.

결국 블록체인은 생성자의 주소부터 현재 소유자의 주소까지 모든 암호화 기록을 갖게 된다. 그래서 사용자가 이미 사용한 돈을 재사용하려고 하면, 네트워크가 거래를 거부할 수 있는 것이다.

비트코인 생성

비트코인 네트워크는 "코인 생성" 옵션을 선택한 소프트웨어를 구동하는 누군가, 구체적으로는 블록을 생성해 내는 데 성공한 누군가에게 한 묶음의 새로운 비트코인을 시간당 6번 정도씩 생성해 배분할 수 있도록 되어 있다. 그 소프트웨어나 같은 역할을 하는 사용자가 직접 만든 특수한 프로그램을 구동하는 사람은 누구나 비트코인 묶음을 받을 가능성이 있다. 비트코인을 생성하는 것은 금광 채굴에 빗대어 "채굴"이라고 불리기도 한다. 사용자가 코인 묶음을 받을 수 있는 확률은 정해진 목표값 이하의 해시를 만들어 낼 수 있는 확률과 같으며, 비트코인이 묶음당 생성되는 양은 50BTC를 넘지 않는다. 그리고 변동분은 21만 코인이 될 때마다 1/2으로 줄어들게 프로그램되어, 전부 2100만을 넘지 않게 된다. 이 지불금이 줄어들면 사용자들은 블록을 생성하는 노드를 구동하는 것보다는 거래수수료를 벌도록 유도된다.

네트워크의 생성용 노드들은 전부 그들의 후보 블록을 만들기 위한 암호화 문제를 찾아내기 위해 경쟁한다. 이 문제를 풀려면 반복적인 시행착오가 필요하다. 노드가 정답을 찾으면 네트워크의 나머지 노드에게 그것을 알리고 새로운 비트코인 묶음을 요구한다. 새로 해결된 블록(solved-block)을 받은 노드들은 그것을 허가하기 전에 인증하고 체인에 추가한다. 노드에는 표준 클라이언트를 사용하거나 GPU 가속을 이용하는 다른 소프트웨어가 사용될 수 있다. 사용자들은 집단으로 비트코인을 생성할 수도 있다.

거래수수료

노드는 자신이 생성하는 블록에 다른 이들의 거래 내역을 포함할 의무가 없기 때문에, 비트코인 송신자는 거래수수료를 자발적으로 지불함으로써 거래 속도를 높이고 사용자들이 노드를 운영하려는 유인을 제공한다. 특히 비트코인을 생성하기가 어려워질수록, 시간이 감에 따라 블록 분량마다의 보상이 줄어든다. 노드들이 받는 보상은 후보 블록에 포함된 모든 거래 내역과 관련된 거래수수료이다.

총 발행량

2009년 만들어진 비트코인은 총 발행량 2100만 비트코인이 한계이다. 그 이상은 발행될 수 없다. 2013년 현재 대략 1,200만 비트코인이 발행되었다. 그러나 다른 유사한 암호통화가 비트코인을 시작으로 해서 다수 등장해 있기 때문에, 라이트코인 등 대체 암호통화를 사용하거나 아니면 더 작은 단위로 쪼개 쓰면 된다. 비트코인은 소수점 8자리까지 나눌 수 있게 설계됐다. 비트코인의 가장 작은 단위는 창안자인 사토시 나카모토를 기념하기 위해 '사토시'라는 단위로 불린다.

경제학

비트코인 경제는 여전히 기존의 경제에 비해 상대적으로 작고 소프트웨어도 베타 단계다. 하지만 중고차나 프리랜스 소프트웨어 개발 계약 같은 진짜 재화나 서비스도 현재 거래되고 있다. 비트코인은 온라인 서비스와 만질 수 있는 상품으로 받아들여지는 것이다. 미국의 전자프론티어재단과 싱귤라리티 대학에서도 비트코인 기부금을 받고 있다. 거래 사이트에서는 미국 달러와 러시아 루블, 일본 엔화 같은 일반적인 통화와의 환전도 가능하다. 누구나 블록체인을 볼 수 있고 거래를 실시간으로 관찰할 수 있다. 이걸 관찰할 수 있는 다양한 서비스가 있다.

화폐적 차이

총 비트코인 공급량 : 제도권의 명목화폐와는 달리, 비트코인은 분산 처리되는 성질을 가지고 있으므로 중앙 은행이 불안정을 유발하는 것같이 특정 관리자가 조작할 수 없다. 비트코인의 소프트웨어는 제한된 선에서 인플레이션을 유발하도록 프로그래밍되어 있지만, 이것은 예측 가능하고 모든 당사자에게 미리 공개되어 있다. 따라서 인플레이션 또한 일반적 사용자들이 가치를 재분배하는데 영향을 줄 수 있도록 중앙이 통제할 수 없다.

노드간 거래는 중간에 금융 절차가 없기 때문에 환불이 불가능하다. 비트코인 클라이언트는 네트워크 상에서 지불 사실을 전파하는 노드들에게 거래 내역을 퍼뜨린다. 오류가 있거나 규칙에서 벗어난 거래는 정직한 클라이언트에 의해 거부된다. 거래는 대부분 무료지만 거래를 위한 연산을 빠르게 해주는 다른 노드들에게 수수료를 지불할 수 있다.

궁극적으로 비트코인의 총량은 2100만이 될 것이다. 코인 공급량은 매 4년마다 기하급수적으로 감소한다. 2013년에는 총량의 절반이 생성되고 2017년에는 3/4이 생성된다. 공급량이 그 목표에 다다르면 생산량이 없어짐으로 인해 가격 디플레이션(가치는 상승)을 경험하기 시작하게 될 것이다. 그렇지만 비트코인은 소수점 8자리(모두 2.1 x 1015 단위)까지 분할될 수 있으므로 디플레이션 상황에서 가격이 하향 조정되는데 필요한 실질적 제약을 없앴다. 비트코인이 모두 생산된 이후에는 거래를 위한 블록을 생성하는데 연산 능력을 사용하는 것이 아니라 거래 관련 연산수수료를 경쟁적으로 모으도록 유도하게 될 것이다.

결과

비트코인은 통화 평가절하와 사용층 감소, 정부 차원의 소프트웨어 사용 금지 같은 것으로 실패할 가능성이 있다. 그렇지만 "비트코인 같은 암호화–현금을 모두 금지"하는 것은 불가능할 것이다. 비트코인이 탈집권적이고 익명적인 것은 미국정부가 e-골드(e-gold)나 자유달러(Liberty Dollar) 같은 디지털 통화 회사를 기소한 데에 대한 반응이다. 아이리시 타임즈(Irish Times)의 대니 오브라이언(Danny O'Brien)은 "비트코인 경제를 사람들에게 보여 주니 그들은 '이거 합법입니까?', '이거 사기 아닙니까?'" 라고 물었다. 나는 이런 질문에 답할 수 있도록 노력하고 있는 변호사와 경제학자들이 있을 것으로 희망한다. 나는 당신이 "입법자들도 조만간 포함될 수 있을지도 모른다고 짐작한다"라고 조사해 보고했다.

2011년 2월에는 슬래시닷이 비트코인을 기사화하여 슬래시닷 효과가 비트코인의 가치와 유용성에 영향을 미쳤다.

비트코인 투기

주식시장의 거래와 마찬가지로 싸게 비트코인을 구매하여 보유하고 있다가 값이 오르면 내다 파는 방식이다. 2009년 생긴 비트코인은 4년 10개월 만에 2만배 가격이 올랐다. 엄청난 고수익으로 "금 2.0"이라고 불리기도 했다. 그러나 그후 가격이 급락하여 1비트코인당 1,000달러를 넘던 시장 가격이 200달러대로 추락하는 등 고위험 투자 상품으로 분류되고 있다.

각국 동향

중국

비트코인은 중국인이 가장 많이 보유하고 있으며, 2위가 미국이다. 중국의 비트코인 거래소 BTC China는 설립된 지 2년 만에 전 세계 비트코인의 30%를 거래하며, 세계 최초의 비트코인 거래소인 일본 Mt. Gox의 거래량을 넘어서 1위 거래소가 되었다. 2100만 비트코인, 약 25조원 중에 1200만 비트코인 15조원이 발행되었는데 62%인 744만 비트코인, 9조원 어치를 중국인이 소유하고 있다.

중국 중앙은행인 인민은행은 2013년 12월 5일 금융기관들이 비트코인의 유통이나 사용을 하지 말 것을 지시했다. 인민은행은 통지문을 통해 "비트코인은 진정한 의미를 지닌 '통화'가 아니기 때문에 법적인 지위를 가질 수 없다"며 "금융기관이나 금융회사가 비트코인에 가격을 매겨서는 안 되며 비트코인과 관련된 상품을 보증해서도 안 된다. 또한 가상 통화를 사거나 팔아서도 안 된다"고 밝혔다. 또한 인민은행은 "대중들이 인터넷 상에서 비트코인 거래에 참여하는 것은 자유이지만, 위험은 스스로 감당해야 할 것"이라고 밝혔다. 다만 중국 정부는 개인간 비트코인 거래 자체는 금지하지 않아 앞으로 비트코인에 대해 전면적인 규제를 할지는 확실하지 않다.

중국 디지털화폐거래소 비터(Bter)가 2015년 2월 비트코인 해킹으로 7170개(한화 약 19억)의 비트코인을 도난당했다.

대한민국

2013년 10월 국회에 제출한 자료에 따르면, 한국은행은 비트코인에 대해 "비트코인을 지급수단으로 사용 가능한 전 세계의 온·오프라인 매장수는 800여 개에 불과하다"며 "한국엔 아예 매장이 없는 등 통용성이 매우 제한적"이라고 말했다. 2013년 4월 비트코인 온라인거래소가 해킹을 당하며 가격이 이틀새 80% 폭락한 사례를 들어 "불안정한 화폐 가치 등으로 인해 비트코인은 앞으로도 지급수단으로 광범위하게 사용될 가능성은 거의 없다"고 진단했다. 하지만 "지급수단의 다양화가 현금통화에 미치는 영향 등에 대한 연구는 지속할 것"이라고 언급했다.

그러한 한국은행의 언급에도 불구하고 국내 통화로 환전할 수 있는 비트코인 거래소인 코빗(Korbit), 코인플러그(Coinplug), 코인피아(COINPIA), 야피존(Yapizon), 빗썸(Bithumb), 코인원(Coinone)이 설립되는 등 대한민국 내에서도 다양한 관심을 받고 있다.

2013년 12월 한국은행은 뒤이어 비트코인과 관련된 보고서를 내기로 밝혔다. 보고서는 비트코인이 기존 통화를 대체할 수 있는 지급·결제수단으로 사용될 수 있을지에 대해서는 "가까운 미래에는 어렵다"고 결론 내린 것으로 전해졌다. 화폐가 교환의 매개로 쓰이려면 가치가 안정돼야 하는데 비트코인은 1비트코인당 500달러에서 한 달 만에 1200달러로 폭등하는 등 변동이 심하다는 게 이유다. 비트코인이 컴퓨터에 파일 형태로 보관돼 보안 문제가 있고, 외환보유액이나 정치후원금 용도 등 현재 예상되고 있는 사용 방안에 대해서도 부정적으로 판단한 것으로 알려졌다.

그럼에도 불구하고 비트코인이 국내서도 그 영향력을 확대하고 있다. 2014년 11월 대기업 최초로 CJ E&M이 동영상 스트리밍 서비스 빙고에 비트코인 결제를 도입한 이후 배달앱과 인터넷 쇼핑몰 등이 속속 비트코인 결제를 도입하고 있다. 8만여 가맹점을 확보하고 있는 배달서비스 전문업체인 딜리버리서비스도 배달의 파이터 최고배달에 비트코인을 도입했다.

과세

현재 비트코인은 과세 대상이 아니다. 화폐로 인정될 경우, 현재 개인이 환차익을 통해 얻은 수익은 비과세 대상이며 법인의 환차익은 기업이익으로 보아 법인세를 부과하고 있다. 화폐로 인정되지 않을 경우는 논외의 대상이다. 또한 비트코인이 재산이나 투자재와 같은 것으로 간주될 경우에도 양도소득세 과세 대상이 되지 못한다. 소득세는 열거주의에 의하는데 현재 소득세 부과 항목에 비트코인이 포함되어 있지 않기 때문이다. 일본, 노르웨이, 독일, 미국 등 여러 선진국에서 비트코인을 법인세로 과세하는 것을 봐서는 당분간 비트코인이 각국 정부로부터 화폐로 인정받기는 어려워 보인다. 반면 영국은 비트코인을 디지털 화폐로 인정해 제도권으로 끌어들임과 동시에 런던을 디지털 금융의 중심지로 키우는 정책을 채택했다. 다만 정부의 인위적 조정 행위가 불가하기 때문에 비트코인의 일부를 정부가 발행하는 유사화폐로 대체 또는 제한하여 유통과 동시에 화폐가치를 조절할 수 있는 수단을 만들 거라 추측된다.

암시장

비트코인은 기존 화폐와는 달리 익명성을 갖고 있어서, 인터넷 암시장에서 사용되고 있다. 인터넷 도박, 마약, 포르노 등 불법 거래에 정부 당국의 감시를 피해 거래가 가능하다. 실제 많은 사례가 보고되고 있다. 이란은 이란 핵개발로 미국이 금융제재를 하자, 이란의 중견 신발업체가 비트코인으로 대금결제를 하여 미국의 감시망을 벗어났다.

예를 들어 도박, 마약, 포르노, 무기의 인터넷 구매가 범죄인 국가에서 해당 쇼핑몰 사이트에 입금하는 방법은 국내 은행을 통한 계좌이체, 국내 신용카드를 통한 결제가 보통인데, 이러한 결제방식은 해당국의 재무부에서 모두 역추적이 가능하다. 그러나 비트코인을 이용할 경우, 최초의 거래소인 일본 Mt. Gox 또는 세계 최대인 중국 BTC China에 국내 은행을 통한 계좌이체를 하면 여기까지는 자금추적이 가능한데, 그 이후에는 익명성 때문에 어디서 비트코인을 얼마나 썼는지를 전혀 알 수 없다. 따라서 도박 마약 사이트에서 결제를 했는지 안 했는지를 해당국 재무부 또는 수사기관이 일체 확인을 할 수가 없다.

탈세

비트코인은 기존 화폐와는 달리 익명성을 갖고 있어서 상속세, 증여세 등의 과세가 불가능하다. 익명성 때문에 비트코인을 누구에게 얼마를 줬는지, 준 사람과 받은 사람 이외에 제3자는 일체 알 수 없기 때문이다. 송금기록, 수금기록 등 일체의 기록은 모두 공개되어 있으나, 그것이 누구인지를 알 수가 없다. 전 세계 각국 정부는 부가가치세(VAT) 등 간접세를 1회의 매매거래마다 소비자에게 부과하는 게 통례인데, 비트코인은 계좌의 익명성 때문에 그 매매 거래를 추적하기가 쉽지 않다. 판매자인 개인사업자는 소득세를, 법인은 법인세를 낸다. 물건을 1회 판매할 때마다 합산하여 1년에 한두 번 낸다. 그러나 비트코인으로 동산이나 부동산 등 물건을 판매할 경우, 거래 내역을 추적하기가 거의 불가능하다.

돈세탁

비트코인은 기존 화폐와는 달리 익명성을 갖고 있어서 기업의 불법 비자금, 불법 정치자금이나 마피아 등의 범죄자금을 합법적으로 돈세탁하는 수단이 된다.

전 세계에는 정부 당국의 규제를 피해 숨어있는 엄청난 규모의 불법자금이 있기 때문에 이 방대한 지하경제의 돈이 유입될 수 있어서, 비트코인 거래 규모가 매우 커질 수 있다.

뇌물 제공의 경우 현재까지는 사과상자에 현금을 담아서 배

달하거나 무기명 채권을 구매해 그 증서를 교부하는 방법으로 거래 흔적을 지웠으나 비트코인으로 뇌물을 제공할 경우, 사과 상자 현금 제공과 동일한 효과가 있다. 익명성 때문에 기본적으로는 주고받은 기록이 남지 않는다. 따라서 앞으로는 과거처럼 볼썽사납게 트럭으로 상자를 옮기지 않고, 스마트폰으로 비트코인 결제를 통해 매우 간단하게 거액부터 소액까지 뇌물 전달이 자유롭게 될 가능성도 제기되고 있다.

다만 비트코인 자체의 전자지갑 주소에 대한 익명성은 보장이 된다 하더라도 거래 내역은 기록되어 전 세계 네트워크에 공개되므로 주고받은 거래 기록이 전혀 남아 있지 않다고는 할 수 없다.

특히 비트코인을 직접 채굴해서 얻는 양이 극히 제한적이므로 비트코인을 통해서 뇌물을 주고받는 정도에 필요한 액수는 분명 특정 비트코인 환전소나 거래소를 거쳐야 하고 해당 거래소에서는 개인에 대한 신상정보를 확인하고 입출금을 처리해 주고 있기 때문에 뇌물을 공여하는 사람들의 입장에서 전혀 기록이 남지 않는다고 볼 수는 없어 비트코인이 함부로 뇌물 거래에 쓰인다고 단정 짓기는 어렵다.

사과박스에 담을 정도의 현금을 은행에서 인출하게 되거나 거액의 이체가 은행에서 이루어지게 되면 우리나라는 모두 당국에 자동적으로 보고가 올라가도록 되어 있고 금융 당국은 이러한 거액 거래자들의 움직임을 예의 주시하고 있다.

사과박스에 돈을 담아 주거나 비트코인으로 돈을 보내 주거나 뇌물공여 등의 불법적 블랙머니 유통은 기본적으로 사회의 통제망에 의해 제한될 가능성이 충분히 있다.

기존 화폐나 비트코인 모두 건전한 좋은 면이 더 많지만 일부 악용될 소지가 있고 실제로 그런 사례들도 있는 바, 이런 문제는 전 사회적인 신뢰강화와 금융시스템, 정치적 법률 체계 등으로 보완해 가야 할 문제이다.

불법 채굴

아직까지 불법적인 방도로 투자한 시간 혹은 처리량에 비해 압도적으로 많은 비트코인을 생산한 사례는 없다고 한다. 다만 독일에서 두 명의 해커가 다수의 좀비 컴퓨터를 양산한 뒤 인증서 조작을 통하여 채굴을 시도하여 약 100만 달러에 달하는 비트코인을 채굴한 사례는 있다고 한다. 비트코인 관련 범죄 기승, 봇넷 이용한 비트코인 채굴 해커 체포.

거래소 사기

최근 소형 거래소가 고객들의 돈을 예치받고서 잠적해 버린 사건이 있었다. 거래소 서버와 사이트를 만든 운영자가, 고객의 비트코인을 모조리 가로채 잠적한 사건이다. 비트코인은 암호통화여서 그 암호를 알아야 하는데, 사이트 운영자가 고객들의 비트코인 암호를 모조리 가로채어 돈을 먹고 잠적한 사건이다.

2014년 2월 비트코인 최대거래소였던 일본의 마운트곡스는 약 85만 비트코인을 분실했으며 최대 28억엔 상당의 이용자 예치금이 부족하다고 밝힌 이후 4월 일본 법원에 파산신청을 했다. 일본 경시청은 마운트곡스에서 2만7000개의 비트코인이 부정하게 인출된 것을 확인했다. 이 같은 부정 인출은 지난 2011년부터 2013년까지 여러 차례에 걸쳐 발생한 것으로 파악됐다.

해킹

거래소에서 비트코인을 거래하는 고객이 해당 거래소 사이트를 해킹하여, 다른 고객들의 막대한 비트코인을 훔쳐간 사건이 발생했다. 비트코인은 암호통화로서 1장의 만원짜리 지폐가 아니라 1장의 암호지폐로 되어 있고, 이 암호만을 상품권 쿠폰번호 입력하는 식으로 사용한다. 따라서 익명성이 보장된 특징으로 인해 해당 비트코인의 암호(쿠폰번호)만 유출되면 그 비트코인을 누구나 사용할 수 있다. 해킹 절도범도 사용이 자유롭다. 익명성 때문에 역추적이 불가능하기 때문이다. 현재 거래소의 비트코인 계좌에서 다른 비트코인 계좌로 송금할 시 자동으로 출금되도록 한다면 거래소의 계정이 해킹 당했을 때 무더기로 자산이 도둑맞는 현상이 벌어질 수 있어 일부 거래소에서는 수동으로 비트코인 출금을 확인하고 있기도 하다. 따라서 거래소의 계정과 비밀번호를 개개인이 높은 수준으로 관리할 필요가 있어 보인다. 실제로 세계 최대 비트코인 거래소인 일본의

Mt.Gox는 2014년 2월에 4억5천만 달러 규모의 비트코인이 유출되어 파산보호 신청을 한 적이 있다. (7월까지 850,000비트코인 중 200,000을 되찾았다.)

세금

캐나다 국세청(CRA)은 세계 최초로 비트코인에 세금을 부과하기로 하였다. 캐나다 새스커툰시(市)의 부동산업자 폴 셰버디는 비트코인으로도 부동산 시세를 표시해 놓았다. 그는 "이 돈이 캐나다 달러로 환산되는 순간 CRA뿐만 아니라 모두의 감시를 받게 된다"며 "그 때문에 여러 고객들이 전자 화폐를 통해 수수료를 지급하겠다는 문의를 해 왔다"고 전했다.

행사

2014년 12월 12일에서 13일 이틀간 일산 킨텍스에서 세계 최대의 비트코인 행사인 '인사이드 비트코인 한국대회(Inside Bitcoins in Korea)'가 개최되었다. 미국 멕클러미디어 회사와 킨텍스가 공동 주관한 이 행사에는 국내외 비트코인 거래소 및 관련 서비스, 결제, 금융, 클라우드 플랫폼, 보안솔루션 업체 등 약 30여 개 회사가 참여하였다. 일반인들은 이 행사에서 직접 비트코인으로 간단한 식음료, 도시락 등을 구입해 볼 수 있는 체험 기회를 가졌다.

이날 컨퍼런스에 참가한 코인플러그는 비트코인 현금인출기와 자판기를 선보였다. 현금인출기는 스마트폰에 있는 비트코인 지갑에서 QR코드를 스캔해 입출금할 수 있는 기기다. 비트심 볼은 실제 동전 모양의 비트코인을 선보였다. 비트코인이 가상화폐기 때문에 사람들에게 인식시키기 어렵다는 점에 착안해 내놓은 상품이다.

[이더리움 개요]

이더리움(Ethereum) 또는 이시리움은 블록체인 기술에 기반한 클라우드 컴퓨팅 플랫폼 또는 프로그래밍 언어이다. 비탈릭 부테린(Vitalik Buterin)이 개발하였다.

비탈릭 부테린은 가상화폐인 비트코인에 사용된 핵심 기술인 블록체인(blockchain)에 화폐 거래 기록뿐 아니라 계약서 등의 추가 정보를 기록할 수 있다는 점에 착안하여, 전 세계 수많은 사용자들이 보유하고 있는 컴퓨팅 자원을 활용해 분산 네트워크를 구성하고 이 플랫폼을 이용하여 SNS, 이메일, 전자투표 등 다양한 정보를 기록하는 시스템을 창안했다. 이더리움은 C++, 자바, 파이썬, GO 등 주요 프로그래밍 언어를 지원한다.

이더리움을 사물 인터넷(IoT)에 적용하면 기계간 금융거래도 가능해진다. 예를 들어 고장 난 청소로봇이 정비로봇에 돈을 내고 정비를 받고, 청소로봇은 돈을 벌기 위해 정비로봇의 집을 청소하는 것도 가능해진다.

리스크는 관리하는 것입니다. 이더리움 가격을 우리가 만들어 갈 수는 없습니다. 우리는 다만 예측할 수 있을 뿐이며, 예측은 언제든 틀릴 수도 있습니다. 최근 비탈릭 부테린 사망설이 인터넷에 돌며 이더리움이 폭락했다고 합니다. 이처럼 돈이 되는 곳에는 각종 유언비어와 가짜뉴스들이 판을 치며, 이로 인해 가격이 요동치기도 합니다.

채굴 또한 마찬가지입니다. 제가 책에 실은 채굴 수익률은 책을 쓰기 이전 시점과 책을 쓰는 시점을 기준으로 한 것이며 채굴 수익률 또한 이더리움의 가격 변동이나 POS 일정, 기타 이슈로 인해 큰 변동이 있을 수 있습니다. 특히 이더리움의 메트로폴리스(Metropolis), 세레니티(Serenity) 등 개발 변수 및 진행상황에 따라 이더리움 재단 측에서 채굴난이도를 올리기도 하고 내리기도 할 것입니다. 이에 따라 채굴량이 대폭 줄기도 하고, 경우에 따라서는 늘어날 수도 있습니다. 이 책은 기술서가 아니므로 자세한 내용은 최대한 배제했지만, 채굴과 관련된 수많은 변수들이 있습니다.

이 책을 펴냄과 동시에 가상화폐 관련 카페를 개설합니다. 가상화폐 관련 이슈 및 수많은 변수에 대해 발빠르게 대처하는데 도움을 드리고자 만든 카페입니다. 가입하시면 많은 도움을 얻으실 겁니다. 또한 이 책을 읽으신 독자 분들 중에는 저보다 더 많은 지식과 영감을 가진 가상화폐 전문가도 있을 것입니다. 부디 카페에 오셔서 그 지식과 영감을 나누어 주시기를 청합니다.

http://cafe.naver.com/cryptocurrencycafe.cafe

원고를 쓰기 시작한 이후에도 이더리움 가격은 여전히 크게 요동쳤습니다. 50만원을 넘어서는가 싶더니 이내 30만원대로 떨어졌습니다. 한없이 떨어지는가 싶더니 이내 다시 40만원을 넘어서기도 했구요. 그리고 다시 30만원 아래로 떨어지더니 곧바로 35만원을 넘어서고 있습니다. 이 모든 것이 6월 한 달에 벌어진 일입니다. 자, 당신이 신이 아닌 이상, 오늘 혹은 내일 혹은 일주일 혹은 한 달 뒤의 이더리움의 가격을 예상할 수 있을까요? 불가능합니다.

본문에도 밝혔지만 가상화폐는 해킹, 각국의 반응 및 정책, 기타 여러 이슈들에 의해 엄청나게 요동칩니다. 우리가 알 수 없는 큰손과 작전 세력들이 단기적인 가격을 흔들며 우리의 주머니를 털고 있을지도 모릅니다. 게다가 이 가상화폐의 흐름을 통제할 수 있는 제도적 장치가 없으므로, 그야말로 하루에도 몇 번씩 천당과 지옥을 경험할 수 있습니다.

그럼에도 불구하고 당신이 책을 잘 읽었다면 당신은 이더리움의 가격에 전혀 동요되지 않을 것입니다. 왜냐하면 그것은 그냥 잔 파도일 뿐이기 때문입니다. Big Picture를 알게 된 당신은 이제 가상화폐의 미래를 믿기 시작할 것이며, 그 중심에 이더리움이 있다는 것을 알 것입니다.

아래, 2017년 6월 10일 페이스북에 남긴 저의 글로 이 책을 마무리하고자 합니다.

건투를 빕니다.

모르면 의심하고,
모르면 두려워한다.

의심과 두려움은,
모든 기회를 앗아간다.

의심과 두려움은,

무지에서 온다.

그러므로

의심과 두려움이 밀려 오면

공부하고 연구하고 깊이 사색하여 실체를 파악하라.

알면

의심과 두려움이 사라지고

안개가 걷히듯

모든 것이 명확해지고

비로소 기회가 보인다.

−2017년 6월 written by 빈마에.